9788572320719
CB120883

PAUL McCARTNEY

por ele mesmo

Michelle Marques 9/12/94

ATENÇÃO FÃ-CLÚBES

UM CONVITE AO INTERCÂMBIO

A Martin Claret Editores tem especial interesse de conhecer mais de perto o universo dos fã-clubes no Brasil. Sabemos que são muitos e que se voltam para as mais variadas classes de ídolos (músicos, atores, escritores, esportistas, políticos, etc). Temos o objetivo de recolher informações mais específicas e, dessa forma, identificar os fã-clubes de acordo com suas áreas de enfoque e a maneira como atuam.

Se você pertence a um fã-clube, entre em contato conosco. A partir desde contato, poderemos direcionar nossas publicações no sentido de melhor satisfazê-lo. O nosso intercâmbio pode vir a se tornar ainda mais efetivo: assim como ocorreu na produção de ELVIS, LENNON, RAUL SEIXAS, o fã-clube pode ser um importante colaborador na edição de uma boa obra sobre o seu ídolo, cuidando dessa maneira para que o livro seja o mais fiel possível à sua vida e obra

Escreva ou telefone para:
MARTIN CLARET EDITORES
Rua Alegrete, 62 - Sumaré
CEP 01254 - Cx Postal 9897
Telefone: (011) 262-8144
São Paulo - SP

PAUL McCARTNEY

por ele mesmo

EDIÇÃO **ILUSTRADA**

MARTIN CLARET

Coleção

O AUTOR POR ELE MESMO

LUIZ ANTONIO DA SILVA, *pesquisador e organizador deste livro, é paulistano, 40 anos, fundador do BEATLES CAVERN CLUB (criado em 9 de outubro de 1977).*
Contatos: Escreva para a Rua Cruzeiro, 675 – Barra Funda – CEP 01137-000 – São Paulo/ SP – DISQUE-BEATLES (011) 825-7562 – Visite: Sede do Fã-Clube: Rua Nova Barão, 30 - Subsolo – CEP 01042-010 — São Paulo/SP

AGRADECIMENTO. *Agradecemos às pessoas físicas e jurídicas – pesquisadores, jornalistas, escritores, editores e diretores de empresas jornalísticas e de TV – o apoio direto ou indireto que ofereceram à realização deste livro-antologia. Sem a solidariedade profissional e humana dessas pessoas este projeto editorial não teria sido possível. A todos, nosso muito obrigado.*

© **MARTIN CLARET EDITORES**

PROJETO GRÁFICO
J. C. Bruno

CAPA
Criação
José Duarte Teixeira de Castro
Fotolitos
Marprint

MIOLO
Copy desk
Cristina Miranda Bekesas
Revisão
Marcos D. Agathão
Digitação
Gilda Ruggiero Longhi
Editoração Eletrônica
Bypress Comunicação Ltda.
Direção de Arte
José Duarte Teixeira de Castro
Fotolitos das Fotos
Cyrnil
Fotolitos em Editoração Eletrônica
Scritta
Papel
Off-set
Impressão e Acabamento
Prol

Martin Claret Editores Ltda. – Rua Alegrete, 62 - Sumaré - C.P. 9897
CEP 01254 - Tel.: 262-8144 - Fax:263-7146 - São Paulo- SP

Impresso no verão de 1993 - São Paulo - Brasil

McCARTNEY
ÍNDICE

PREFÁCIO DOS EDITORES 7
O propósito da coleção O Autor Por Ele Mesmo

UM ESTUDO 11
Vida e Morte do Beatle Paul McCartney

PERFIL BIOGRÁFICO 37
Paul e os Beatles

POR ELE MESMO 81
Estou em Plena Forma

POR OUTROS 131
Um Rico Senhor Que Não Quer as Dores do Mundo

NO BRASIL 151
McCartney Chega Hoje ao Rio

CURIOSIDADES 159
Fãs Chacoalham as Jóias ao Som de McCartney

DISCOGRAFIA 173
Discografia dos Singles e Raridades em Maxi-Singles

BIBLIOGRAFIA 175

Gibson
Les Paul

PREFÁCIO
DOS EDITORES

O PROPÓSITO DA COLEÇÃO **O AUTOR POR ELE MESMO**

Martin Claret

Estudos da História moderna têm revelado que somos uma civilização construída sobre os fundamentos da escrita. O Homem, no seu aspecto histórico-cultural, tem sido, grandemente, um produto do livro.

Um recente relatório da UNESCO, sobre o hábito da leitura no mundo, conclui que nenhum outro processo de comunicação – inclusive o eletrônico – é instrumento mais adequado de treino mental e fortalecimento do poder da imaginação do que o contato humano com o material impresso de boa qualidade: o livro.

Educadores e cientistas sociais têm constatado que, ao lado da informação de massa, vem se desenvolvendo a "moderna sociedade instruída" – uma sociedade que não só garante a todos uma instrução básica, mas também se preocupa com o ensino dos adultos.

No mundo de hoje e no de amanhã, jamais deixaremos de ser alunos. O educador moderno está aperfeiçoando esse ideal de educação permanente, em jovens e adultos. Neste contexto educacional, o livro é o instrumento fundamental.

Aqui, ousamos futurar, com

o mestre Antônio Houaiss, fazendo nossas as palavras que ele escreveu para o magnífico prefácio de A Construção do livro, *de autoria de Emanuel Araújo: "(...) o livro, materialmente, na sua feição mais requintada ou mais generalizada presentes – folhas de papel impresso, alçadas, coligadas e vestidas numa unidade normalmente portátil (mesmo que a duas mãos) –, esse livro pode desaparecer: mas não desaparecerão, com sua fisicidade, as suas mensagens e seus códigos(...) O computador que equivaler à soma de todos os livros será um servo daqueles dialetos – da linguagem oral, que é sobretudo resultado dialético da linguagem escrita (...)*

O 'Livro' poderá, assim, para certos fins, apresentar-se sob outra técnica física. Mas, enquanto perdurar o rigor da leitura a sós, o enlevo da leitura a sós, a emoção do manuseio sensual das páginas, enquanto isso perdurar, teremos os livros-livros, esses que estão aí tão incorporados à nossa maneira de sermos humanos (tanto assim que, onde ele não é isso, aí impera o atraso, a sotoposição, a exploração)."

Também Jorge Luís Borges, o poderoso escritor argentino – ele amava os livros, infinitamente –, conceituou, com incrível lucidez e alcance universal, a importância do livro. Eis o seu pensamento: "Dos muitos instrumentos inventados pelo homem, nenhum pode comparar-se nem de longe ao livro, porque os outros instrumentos são extensões, são mecanismo desse outro mecanismo que é o nosso corpo... Em troca, o livro é uma extensão da memória e da imaginação."

Sim, o livro – esse fundador de civilizações – continuará a influenciar, com dinânico impacto, o infinito universo de nossas possibilidades.

Nós, que existimos e nos movemos no mundo dos livros; nós, que criadoramente amamos o livro em todas as suas formas e tecnologias, acreditamos, substantivamente, na função do livro.

A criação e a publicação desta coleção – O Autor por Ele Mesmo *– são o resultado final de uma pesquisa de campo, onde se detectou um perfil de leitor: o jovem, com um projeto de vida, desejoso de saber mais e consciente da necessidade de atualizar o seu potencial.*

Ela vem para atender a uma necessidade cultural e de mercado.

O volume inaugural da coleção é Chaplin por Ele Mesmo, *o imortal gênio do cinema. A seguir, com periodicidade mensal, serão antologiados outros personagens (ver 4ª capa), cujas idéias, revolucionárias pelo conteúdo e pela expressão, fizeram do mundo o que ele é atualmente.*

A coleção O Autor por Ele Mesmo *não é uma simples série de fascículos, de seqüência obrigatória. É uma biblioteca permanente de livros independentes. Dinamicamente ilustrado – cada volume, com 160 páginas –, foi diagramado para oferecer uma leitura fácil e agradável.*

É um moderno e informativo estudo de antologia, destinado principalmente à juventude.

Os doze primeiros personagens foram selecionados pela nossa coordenação editorial, mas a coleção é uma proposta aberta e aceita permanentemente sugestões editoriais e de títulos. O limite quantitativo da coleção será determinado pelos próprios leitores.

Nosso projeto editorial é oferecer um livro de massa. O livro ciberneticamente construído, o livro-clipping, cujas características sejam: custo barato, "livro para ler", encontrável em "qualquer parte" e elaborado dentro da nossa realidade cultural e sócio-econômica. Nosso modelo para inovar foi copiar o processo criador da própria Natureza – "fazer o novo a partir do velho".

Acreditamos lobatianamente ("um país se faz com homens e com livros") que a leitura de textos fundamentais dos grandes personagens da Humanidade é benéfica, instrutiva e motivadora em si, com força capaz de complementar convenientemente a formação da mentalidade das gerações presentes e futuras, despertando potencialidades e vocações.

Participe, positivamente.

Você nunca é o mesmo depois de ler um livro.

Livro muda as pessoas.

Livro muda o mundo.

Vida e Morte do Beatle Paul McCartney

Artur Mendonça e Chil Deberto

Na Noite Escura

"Era uma noite escura, fria e chuvosa de inverno. O carro de Paul derrapou na pista molhada e saiu velozmente da estrada. A chuva fina, tipicamente inglesa, dificultava a visão.

Cansados pela longa viagem numa estrada de pouco movimento, os reflexos de Paul não o ajudavam. Ele tentou controlar o veículo, mas o asfalto escorregadio impulsionava o automóvel com uma velocidade incontrolável.

O Inesperado

Com um rangido gritante de freios e um barulho pavoroso de metais se amassando, o carro se chocou contra o muro de pedra que ladeava a estrada. Depois de algumas voltas sobre si mesma, a massa de ferros retorcidos se imobilizou.

Os pneus ainda continuaram a girar durante alguns minutos, perdendo vagarosamente a velocidade. Depois tudo ficou em silêncio.

Na estrada deserta só se ou-

Paul no início da carreira, fotografado pelo irmão Michael, 1962.

via o ruído surdo do vento e da garoa fria que continuava a cair. Eram 22 horas e 36 minutos da noite de 18 de novembro de 1966.

Paul McCartney agonizava entre as ferragens do seu automóvel.

O mundo inteiro dormia, sonhava, trabalhava e se divertia sem imaginar que naquele momento perdia um dos seus maiores ídolos de todos os tempos.

Em Londres

Brian Epstein, empresário e porta-voz dos Beatles recebeu a notícia em Londres à 1h15 da manhã do dia 19.

Imediatamente tomou todas as providências.

Ligou para as casas de John, Ringo e George, os outros componentes do conjunto.

Avisou-os que Paul tinha sofrido um acidente e estava muito mal. Estava sendo atendido num hospital nos arredores de Romford. Já havia entrado em contato com uma empresa aérea. Um avião especial estava pronto a levantar vôo, apesar do mau tempo, caso resolvessem visitar o amigo.

Preparou-os para o pior: o acidente tinha sido muito grave.

Esperando

No hospital St. Patrick, os médicos esperavam. Os documentos encontrados no bolso do rapaz acidentado e quase irreconhecível informavam que ele era James Paul McCartney — músico sindicalizado. As fraturas do crânio, costelas e omoplata, a violenta perda de sangue davam pouca esperança de recuperação.

Eles já tinham feito o possível. Agora não havia mais nada a fazer, a não ser esperar.

Quando John, George, Ringo e Epstein chegaram ao hospital, Paul já não mais respirava.

Os três amigos quase não falaram, traumatizados pelo inesperado da notícia.

Epstein os encerrou com o corpo de Paul no quarto 76 do andar superior e friamente começou a fazer importantes telefonemas.

Os Telefonemas

Da sala do diretor do hospital que lhe haviam cedido, ele, sufocando a sua emoção, ligou para os advogados da Apple, da Lemmac, da Maclen e da Northen Songs — empresas de propriedade do conjunto, avisando-os do ocorrido e pedindo providências. George Martin, um dos amigos de Paul e Jane Asher, sua noiva, tinham que ser avisados. A imprensa, por enquanto, não deveria saber da notícia.

Falou, em seguida, com o chefe de polícia da localidade.

Até agora, nenhum repórter soubera do acidente.

Sim, a pessoa que tinha encontrado o carro de Paul ainda se encontrava na Chefatura. Juntamente com os guardas que tinham atendido ao chamado.

Epstein, imediatamente tomou as decisões. Pediu ao policial que aguardasse alguns momentos. Ele logo estaria lá para tomar as providências.

Desligou o telefone.

O Cenário

12 horas depois, em Londres, a sorte já tinha sido lançada.

Uma conversa entre Epstein e as pessoas envolvidas no acidente, policiais, enfermeiros, médicos, e testemunhas, atrás de portas fechadas, havia preparado a encenação.

A sorte de um gigantesco império industrial representado por lojas, gravadoras, empresas, editoras e butiques de propriedade do conjunto, com milhares de ações na Bolsa de Valores, não podia entrar em jogo.

A notícia do acidente poderia ter sérias repercussões na economia do país.

A morte de um Beatle não podia ser anunciada sem uma preparação.

Todos concordaram.

Restava conseguir a anuência dos outros componentes do grupo.

O corpo de Paul tinha sido trazido para Londres pelo mesmo avião que transportara John, Ringo e George.

O funeral foi providenciado, às pressas, e os parentes mais próximos, o pai, a madrasta e o irmão, avisados.

24 horas depois do primeiro telefonema, tudo estava encerrado.

O mundo ainda dormia, sonhava, trabalhava e se divertia sem saber da morte de Paul McCartney.

Uma Reunião Importante

A reunião realizada poucas horas depois do funeral de Paul foi triste, trágica e conturbada.

Através das amplas e envidraçadas janelas da sala de reuniões da Diretoria do grupo Apple, os presentes podiam ver o céu nublado e úmido de Londres.

O tempo cinzento e triste e a garoa intermitente se uniam ao luto dos pais, do irmão, da noiva e dos amigos de Paul reunidos ao redor da grande mesa. Os advogados, os diretores, todos os presentes escutavam Brian Epstein.

O espetáculo não podia parar. O grande público amava Paul e Paul adorava seu público.

O filme carinhosamente idealizado por ele não podia ficar inacabado. A sua "Viagem de Mágica e Mistério", como ele próprio a intitulara, estava quase pronta. Faltavam apenas algumas filmagens. O vultoso contrato com a televisão para exibição do filme, se rompido, poderia causar sérias dificuldades a toda a empresa.

O álbum com as músicas do filme e o LP *Sargeant Pepper's* estavam praticamente gravados.

O público podia esperar para saber a notícia.

O comunicado não o traria de volta, mas poderia destruir tudo o que ele ajudou a fazer.

Ele tinha certeza de que não era isso que Paul iria querer.

O sósia de Paul, usado nas cenas difíceis dos filmes *Hard Day's Night* e *Help*, ainda podia ser encontrado. Bastava um telefonema.

Com um pouco de maquiagem, ele poderia tomar o lugar de Paul nas cenas restantes do filme para a televisão.

O Departamento de Divulgação da empresa anunciaria uma viagem de descanso para Paul. Os contratos de exibição ao vivo do conjunto seriam todos cancelados. O acesso da imprensa e do grande público aos outros componentes do conjunto e ao sósia seria impedido.

Até a Apple estar em condições de divulgar a notícia, a morte de Paul poderia ser oculta.

A renda dos dois álbuns de discos a serem lançados e do filme poderiam salvar as finanças da empresa.

A notícia requeria uma preparação.

John, com os olhos vermelhos atrás de seus óculos de míope, aparentemente concordou.

George e Ringo discutiam com Epstein. Jane Asher, a noiva de Paul, perdeu o controle e começou a chorar.

Os diretores e advogados discutiam entre si. A reunião durou quatro horas e doze mi-

> "Dentre nós (os Beatles) eu me considero um conservador. Se comparado à outras pessoas, penso que, não sou. E se comparado à minha família não passo de um excêntrico."

nutos.

Os funcionários da empresa, afastados do andar onde se realizava a reunião, estranharam quando os participantes se retiraram em silêncio.

John Toma Importante Decisão

Dois dias mais tarde, John, ajudado por George Martin, amigo de Paul e produtor artístico dos discos do conjunto, com a anuência de George e Ringo começou a contar — sem se preocupar com os interesses de Epstein e dos diretores e acionistas da Apple — a história da morte do seu amigo ao imenso público·

Dentro da sala de gravação do estúdio de sua gravadora, John prestou a sua última homenagem ao amigo de tantos anos.

Os discos iniciados por Paul seriam regravados com superposição de outros sons. As capas para os álbuns seriam refeitas.

O filme para a televisão seria terminado.

Mas em cada uma dessas obras, John, George, Ringo e Martin colocariam a sua mensagem.

O mundo logo iria saber.

Em cada disco, em cada faixa, em cada canção dali em diante seriam colocadas as evidências do trágico acontecimento.

Em um código, fruto da amizade e do ocultismo de John Lennon, a notícia da morte de Paul McCartney seria contada a seus fãs.

Os amigos de Paul em todo o mundo saberiam decifrá-lo. Dissso John tinha certeza.

Esta versão, naturalmente romanceada, da morte de Paul McCartney, abalou o mundo.

Por quê? O que levou tanta gente em tantos países do mundo a acreditar na morte desse grande ídolo? Que provas são essas que John inseriu nas gravações do conjunto?

Quem levantou a questão pela primeira vez?

Quanto tempo se passou até que se decifrasse o código e o que queria dizer?

O Nascimento

Paul McCartney, cujo nome completo é James Paul McCartney, nasceu no dia 18 de junho de 1942, numa enfermaria particular do Walton Hospital em Liverpool.

Liverpool é um porto marítimo. Se você tiver em suas mãos um mapa da Inglaterra, poderá localizá-la, procurando no lado esquerdo do mapa.

É uma cidade antiga, cinzenta e um pouco suja, famosa pelos seus times de futebol e por ter sido o berço de Paul McCartney e do conjunto mais famoso de toda a história da música popular em todo o mundo — os "Beatles".

Seus pais eram da classe média e sua mãe trabalhava como enfermeira no hospital onde Paul nasceu. Fez a escola primária em Stockon Wood Road Primary, juntamente com seu irmão Michael, nascido em 1941.

Foi um aluno aplicado na escola primária, terminando o curso com boas notas. Logo pôde ingressar na escola secundária — o Liverpool Institute.

Lá ele se revelou um menino precoce, inteligente e esperto, mas pouco amigo do estudo. Mesmo assim sempre tirou os primeiros lugares.

Com catorze anos Paul perdeu a mãe, vítima de um insidioso câncer no seio.

Foi um golpe rude para o

menino e sua vida mudou sensivelmente.

A mãe de Paul, até então, ajudara nas despesas da casa, trabalhando no hospital. Seu pai ganhava pouco e a vida em Liverpool era muito cara.

A família McCartney, desde então, passou a ter uma vida de economias e necessidades.

Quando criança, Paul nunca tinha demonstrado interesse por música.

Sua mãe quis que Paul aprendesse piano. Arranjou-lhe um professor particular, uma vez. Mas o menino parecia não se dar bem com o instrumento.

O pai de Paul tinha sido músico quando jovem, chegando a tocar em pequenos conjuntos, e insistia sempre para que ele aprendesse a tocar um instrumento.

Para desenvolver no filho o gosto pela música, colocou-o no coro da igreja São Chad, em Penny Lane, bairro próximo à sua casa. Mas nem cantando Paul se deu bem.

Logo foi expulso do coro por brincar nas horas de ensaio.

Mas em casa Paul já se divertia com um velho pistão — presente de um tio. Aprendera a tocar de ouvido algumas músicas e infernizava a vida dos vizinhos com as notas desafinadas do velho instrumento.

Desde a morte da mãe, duas tias-irmãs do pai de Paul ajudaram a criar o menino e o irmão.

Foi por intermédio delas que Paul ganhou, aos 14 anos, um piano de segunda mão.

Abandonou o pistão e começou a aprender a tirar músicas de ouvido no piano.

Logo, para satisfação do pai e das tias, ele já tocava satisfatoriamente, uma porção de músicas conhecidas no novo instrumento.

Foi nesta época que Paul começou a querer uma guitarra.

O rock'n roll era o sucesso em música popular em todo o mundo. Desde 1955, quando da exibição na Inglaterra dos filmes *Sementes de Violência (Blackboard Jungle)* e *Ao Balanço das Horas (Rock Around the Clock)*, o novo ritmo tomava conta dos programas de rádio.

A música popular até o aparecimento do rock nunca tinha atingido os jovens.

Na realidade, a música até então tinha sido uma coleção de baladões, canções românticas e música lenta para dançar, coisa de adulto, que pou-

co interessava aos jovens.

Com o rock'n roll surgiu, pela primeira vez, uma música que agradava também aos jovens.

Em 1956, mais dois acontecimentos ajudaram Paul McCartney a se decidir por uma guitarra elétrica. Neste ano surgiu Elvis Presley. Em maio o seu *Hotel dos Corações Partidos (Heartbreak Hotel)* estava em primeiro lugar das paradas de sucesso da Inglaterra e mais catorze países diferentes.

Elvis Presley era um cantor jovem e excitante, cantando músicas excitantes. Isto influenciou todos os jovens da época.

Em 1956 surgiram também os primeiros conjuntos de guitarra. Pela primeira vez, um instrumento nunca levado muito a sério, o violão elétrico, era usado como instrumento principal para um novo tipo de música popular — o "rock'n roll".

Paul Ganha Uma Guitarra

O que havia de novidade e interessante no rock é que ele podia ser tocado nesses instrumentos que todo mundo pode tocar.

Dominando apenas alguns acordes simples, já se podia tocar alguma coisa num violão ou numa guitarra.

Os jovens logo notaram a diferença e a música começou a deixar de ser propriedade dos músicos. Era só treinar um pouquinho com o violão e formar um conjunto.

Milhares de conjuntos de jovens tocando rock de ouvido surgiram em todo o mundo.

Em Liverpool havia em 1956 mais de 100 desses conjuntos.

Paul queria entrar na onda. Paul queria uma guitarra.

O pai resolveu arriscar na vontade do garoto e deu-lhe de presente uma guitarra.

No começo, Paul não conseguia tocar nada. Descobriu então que era canhoto. Fez uma adaptação, invertendo a ordem das cordas do instrumento, e logo podia tocar e se acompanhar cantando.

Tentava tocar as músicas de Elvis Presley ou qualquer outra coisa que fosse popular. Sua melhor imitação era de Little Richard, cantor negro de rock'n roll — grande sucesso da época.

Os biógrafos de Paul contam que ele dizia: "Eu nunca fui muito entusiasta de pistão. Gostava de guitarra, porque a gente podia tocar logo. Era só aprender alguns acordes. E

(Acima) Aos 7 anos, ao lado da sua mãe e irmão.
(Abaixo) Com seu pai, Jim, 1961.

também podia cantar ao mesmo tempo."

Seu irmão Michael até hoje ainda se lembra: "Quando ele aprendeu a tocar aquela guitarra, foi o fim. Não tinha tempo para comer e para mais nada. Tocava na privada, no banho, em todos os lugares!"

No dia 15 de junho de 1956, Paul McCartney conheceu John Lennon. Paul tinha então catorze anos e Lennon dezesseis.

Os dois se encontraram numa festa onde John se exibia com o seu conjunto de rock — os *Quarrymen*, isto é, "Os Pedreiros".

Depois da festa foram apresentados um ao outro e logo fizeram amizade. Começaram a falar de música, de conjuntos e dos acordes de violão que já sabiam. Uma semana depois Paul entrava para o conjunto de John.

Durante um pouco mais de um ano, eles se apresentaram juntos com o conjunto em festinhas de bairro.

Foi nesta época que começaram a tentar compor juntos.

No começo de 1958, Paul trouxe para o conjunto um amigo seu que tocava melhor do que ele e John — George Harrison.

No primeiro ano que estiveram juntos, John e Paul escreveram cerca de cem músicas. Somente uma delas foi divulgada mais tarde — *Love Me Do (Ama-me).*

Em meados de 58 o conjunto de John Lennon recebeu mais um componente — Stuart Sutcliffe, passando a ser formado por este, John, Paul e George. À medida que a mania dos conjuntos ia tomando conta de Liverpool, começaram a aparecer os clubes e casas noturnas só para jovens. As casas tradicionais ainda não aceitavam, para os seus shows, estes conjuntos barulhentos, pois tinham os seus próprios conjuntos. o *Cavern* (a Caverna) era uma delas.

Nascem Quatro Besouros Diferentes

Em 1959, John Lennon resolveu mudar o nome do conjunto, pois ele então possuía uma formação totalmente diferente da original. Novos componentes exigiam um novo nome.

A moda na época era conjuntos com nomes de bichos. O de maior sucesso na Inglaterra era Buddy Holly e os *Grilos (The Crickets).*

John começou a pensar em outros nomes de insetos que

pudessem servir.

Escolheu *Besouros (Beetles).* Mas para tentar ser diferente e dar um duplo sentido ao nome, mudou para "Beatles", combinando a palavra "Beetles" com "Beat" (ritmo marcante, batida), fazendo um trocadilho.

Nascia, assim, os *Beatles*.

Com este nome conseguiram um contrato para uma excursão à Escócia, acompanhando um cantor de razoável sucesso na época — Johnny Gentle.

Paul ficou de segunda época na escola em uma porção de matérias, por causa da viagem, mas conseguiu ganhar algum dinheiro e experiência profissional na excursão.

Em agosto de 1960, o conjunto conseguiu o seu primeiro contrato importante — uma excursão à Alemanha, com exibições na cidade de Hamburgo. O problema era que o contrato exigia um conjunto com 5 elementos, incluindo um baterista, coisa que os Beatles não tinham.

Até essa época o conjunto só possuía guitarras (John, Paul e George) e um contabaixo (Stuart). Paul então convidou um outro amigo seu de ginásio, Pete Best, bom baterista, para se juntar ao conjunto.

E com cinco elementos os Beatles partiram para uma importante e acidentada excursão.

Eram as férias de Paul. Terminara o ginásio finalmente e podia se candidatar a um curso superior. Mas há muito tempo decidira abandonar os estudos e se dedicar só à música.

Os Beatles ficaram quatro meses em Hamburgo, exibindo-se em dezenas de lugares. Ganharam algum dinheiro, bastante aplausos, muitas despesas e voltaram para Liverpool de mãos abanando.

O pai de Paul passou a insistir que ele, já que não queria mais estudar, arrumasse um emprego.

Não querendo desagradar o pai, Paul tentou.

Foi ajudante nos Correios, ajudante de caminhão de carga, operário de uma fábrica de aparelhos elétricos, ajudando a enrolar bobinas.

Mas não desistiu da música e do conjunto. Os Beatles começavam a fazer sucesso nas suas apresentações em inferninhos, boates de segunda classe e festinhas de Liverpool.

Em janeiro de 61, já eram tão conhecidos que foram convidados a se apresentar no *Cavern*, a melhor casa noturna da cidade, a que estava mais na moda. Paul largou o emprego e voltou a se dedicar somente à música.

Os Beatles fizeram sucesso no *Cavern* e em abril voltaram em excursão à Alemanha.

Graças às amizades e aos conhecimentos feitos na excursão anterior, conseguiram em Hamburgo a sua primeira gravação — um "long-play" acompanhando Tony Sheridan, cantor de relativo sucesso na Alemanha.

Nesta época, resolveram adotar um penteado diferente que mais tarde os tornaria famosos — o corte em franjinha.

Na volta da excursão, Stuart resolveu deixar o conjunto por motivos de saúde e porque queria ter mais tempo para estudar. Foi substituído por Ringo Starr, baterista de um outro conjunto de Liverpool que Paul e John haviam conhecido durante a excursão.

O conjunto definitivo estava formado — os "Beatles" eram Paul McCartney, John Lennon, George Harrison e Ringo Starr. O *Cavern* passou a ter um dos conjuntos mais barulhentos e originais de sua história.

Um público formado quase que exclusivamente por jovens lotava a boate todas as noites.

Brian Epstein, Um Senhor Empresário

No dia 9 de novembro de 1961 o *Cavern* recebeu a visita de um homem que iria mudar completamente a vida de Paul McCartney e de seus companheiros — Brian Epstein.

Epstein era um empresário até então não muito bem sucedido e dono de uma loja de discos em Liverpool.

Sabendo do sucesso do conjunto e com um raro sentido de descobridor de talentos, Epstein se ofereceu para empresar o conjunto e usar os seus conhecimentos para conseguir uma gravação profissional numa boa gravadora.

Os Beatles concordaram e a partir de então, Brian começou a sua carreira como empresário do conjunto.

Eles fizeram testes em várias gravadoras, levados pelas mãos de Epstein, mas foram recusados.

Finalmente conseguiram uma audição com George Martin, diretor artístico da Parlophone, filial da EMI, uma das maiores gravadoras inglesas.

Este pareceu estar interessado e ter gostado do conjunto. Mas só deu uma resposta um mês depois. Corria o mês de julho de 1962.

No dia 11 de setembro de 1962, os Beatles chegaram a Londres, trazidos por George Martin, para fazerem o seu primeiro disco inglês.

Love Me Do — composição de McCartney e Lennon, foi lançada em 4 de outubro de 1962.

Epstein visitou todos os disc-jóqueis seus amigos, trabalhou a gravação como um louco, mas o disco não fez muito sucesso: o máximo foi o 27º lugar na parada.

O segundo disco dos Beatles, outra composição de McCartney em parceria com Lennon foi *Please, please me* (Por favor, me agrade), lançado em janeiro de 1963.

No dia 16 de fevereiro ocupava o primeiro lugar nas paradas de sucesso.

Surgia o chamado "som de Liverpool".

O sucesso de *Please, please me* levou ao primeiro LP do conjunto. Este ficou na lista dos mais vendidos durante mais de seis meses.

Em abril, saiu o terceiro compacto simples, *From me to you* (De mim para você), outra composição da dupla. Primeiro lugar outra vez nas paradas.

Primeiro prêmio: um disco de prata.

Paul McCartney escreve de parceria com John uma composição para ser gravada por outro conjunto — os Dakotas.

Do you want to know a secret? (Você quer saber um segredo?) vai para o primeiro lugar em vendagem.

Em outubro de 1963 a beatlemania já havia invadido as Ilhas Britânicas, a Europa, os Estados Unidos e atingido o Brasil.

Surgiram os contratos de televisão, as excursões ao exterior e as propostas para o cinema.

10 compactos simples, 6 long-plays depois, em 1967 os Beatles eram o conjunto mais famoso em todo o mundo.

Paul McCartney e John Lennon eram a dupla de compositores mais bem sucedida do século XX. Haviam vendido mais de 200 milhões de cópias de suas composições.

Havia mais de mil gravações diferentes das músicas de Lennon e McCartney, feitas por outros cantores, todas de sucesso.

O talento de Paul e a inventividade de John, amparados por um gigantesco esquema de divulgação idealizado por Brian Epstein, eram reconhecidos pelos críticos da música popular do mundo inteiro.

A Fortuna de Um Beatle

Paul McCartney, condecorado pela rainha da Inglaterra e agraciado com um título de nobreza, era um homem famosos e multimilionário.

Já em 1967, recebia 120.000 libras para cada LP que vendesse mais de um milhão de cópias (e todos vendiam). 100.000 libras pelos direitos autorais como compositor das músicas de cada LP. Milhares de libras pelos direitos autorais para rádio, televisão e cinema de suas composições.

Era dono de várias empresas, em sociedade com os outros Beatles: a Nems Enterprise, a Northern Songs — editora de suas músicas, Lemmac Enterprises, a Maclen Music e o grupo Apple — gravadora Apple Records, a Apple Film Ltd., a Apple Corps Ltd., a Apple Publishing Company, a Apple Electronics e a Apple Boutique.

No dia 29 de agosto de 1966, durante uma turnê nos Estados Unidos, os Beatles se despedem do seu público, prometendo voltar após a gravação de um LP que prometiam ser o melhor de suas carreiras.

Fascinante Mistério

Os Beatles voltam a Londres para a preparção do LP que, posteriormente, receberia o nome *A Banda do Clube dos Corações Solitários do Sargento Pepper*.

Foi a última vez que os Beatles e Paul McCartney se apresentaram, ao vivo, em público.

O disco anunciado só sai em abril de 1967. Repleto de evidências misteriosas.

Durante os últimos dias de dezembro de 1966, McCartney não é visto por mais nenhum repórter. O porta-voz da Apple informa: "O sr. Paul McCartney saiu sozinho, em viagem de férias, devendo estar neste momento, incógnito, em algum lugar da África. Os outros Beatles se encontram descansando em suas mansões."

Paul McCartney só reaparece em abril de 67 e é visto em público.

No espaço de tempo decorrido entre a última apresentação ao vivo do conjunto em agosto de 1966 e o retorno de Paul em abril de 1967, uma porção de acontecimentos estranhos alteram radicalmente a feição do conjunto.

Pela primeira vez, em dez anos juntos, os Beatles se separam: Paul faz a sua misteriosa viagem de férias à Àfrica, John mergulha de corpo e alma nas ciências ocultistas e transcendentais, Ringo se retira para descansar em sua enorme mansão em algum lugar da Inglaterra e George viaja para a Índia para estudar a música e as religiões hindus.

Nos intervalos dessas viagens fazem um filme para televisão intitulado *Viagem de Mágica e Mistério*, ilustrada por 6 canções colocadas à venda num álbum especial.

O filme e o disco são o primeiro fracasso comercial do conjunto.

A Apple começa a passar por uma série de dificuldades.

No verão de 1967, deprimido e cansado, Brian Epstein, empresário e principal responsável pelo sucesso do conjunto, sucumbe a um ataque cardíaco.

As exéquias de Brian Epstein foram realizadas em Abbey Road no dia 17 de outubro de 1967, perto da casa de Paul.

Uma Série de Coincidências

"Paul McCartney foi assassinado no dia 14 de outubro de 1969, no Estado de Michigan, nos Estados Unidos, por uma estudante da Universidade Wesleyan de Ohio."

A arma do crime foi uma sátira escrita por J. Lancelot Turner, e publicada no Diário da Universidade de Michigan.

Sob o título de "Ponha-me na lista dos homens mortos", o autor pretendia, baseado em elementos circunstanciais que se relacionam inclusive com o Ocultismo, provar que Paul McCartney está morto.

As observações de Turner eram tão fascinantes que logo saíram da esfera da Universidade para cair no conhecimento dos fãs do conjunto mais famoso de nossa época.

A procura pelas provas apresentadas por Turner foi tão grande que ele resolveu publicar o seu trabalho em colaboração com a Stone Garden Press e colocá-lo à venda sob a forma de um folheto.

A publicação começou a ser vendida aos milhares, consumida por todos aqueles que apreciam a música dos Beatles.

Um "disc-jóquei" de Detroit, aproveitando a onda, divulgou através de sua emissora, a rádio WKNR, as "provas".

Em poucas semanas o mundo inteiro discutia se Paul Mc-

Cartney tinha mesmo morrido ou não.

Sociedades formadas pelos fãs do ídolo começaram a surgir para pesquisar a verdade sobre a notícia e as provas apresentadas.

Louis Yager, presidente de uma dessas associações "Paul McCartney está morto?" conseguiu descobrir mais algumas evidências.

O boato se tornou tão forte que a revista *Time* publicou um artifo de página inteira sob o título *Sobre rumor, mito e Beatle* em 31 de outubro, tentando provar que tudo era apenas uma brincadeira.

Mas as evidências foram se somando.

Paul McCartney não era mais visto em público há vários meses. A sua gravadora Apple não desmentia nem confirmava os rumores.

Os Beatles tinham se separado, não concediam mais entrevistas e não faziam mais apresentações ao vivo. A sala destinada a McCartney na organização Apple, estava vazia há mais de um ano.

O Departamento de Divulgação da gravadora quando inquirido sobre o assunto, respondia laconicamente: — "Paul McCartney está viajando."

Os Fãs Buscam as Pistas

Os fãs do conjunto em todo o mundo passaram a procurar nos últimos discos dos Beatles as respostas para o mistério.

Uns forneciam aos outros os resultados de suas investigações e com a troca de evidências, um imenso quebra-cabeças começou a ser montado.

Tratava-se de um golpe de publicidade, fruto de uma intuição genial?

A notícia da morte de um ídolo é uma forma segura de comover os fãs e despertar novo interesse da massa para o artista.

A morte de um dos Beatles, já que os seu fãs consideram o quarteto como algo inseparável significaria a morte de todo o grupo: três Beatles não fazem quatro e de qualquer jeito seria algo completamente diferente do conjunto otiginal.

Todos começaram a lembrar que os Beatles têm uma longa prática nas teorias místicas orientais. A tradição mágico-esotérica usa comumente a forma criptográfica para transmitir notícias importantes.

Estariam os Beatles restantes usando esta forma muito

antiga de comunicação para contar a morte do amigo, sabendo que os seus fãs, atentos a tudo que o conjunto faz, acabariam por descobrir a mensagem?

E que queriam eles revelar? Estariam relatando ao mundo inteiro uma tragédia em seus detalhes e como e quando aconteceu?

As evidências dos fatos foram encontradas nos discos gravados pelos Beatles depois de dezembro de 1967: — o álbum especial *Magical Mistery Tour (Viagem de Mágica e Mistério)*, o compacto duplo *Penny Lane* (nome do bairro onde Paul McCartney foi criado) e os últimos long-plays do conjunto, *Sgt. Pepper's Lonely Hearts Club Band (A banda do clube dos corações solitários do Sargento Pepper)*, o álbum branco intitulado simplesmente *The Beatles* e o LP *Abbey Road (A estrada do mosteiro)*.

O Álbum *Magical Mistery Tour*

Este álbum com as músicas compostas para o filme, idealizado por Paul McCartney para a televisão inglesa, foi lançado em dezembro de 1967.

Consta de um livreto com cenas do filme e de dois compactos duplos com as seis canções extraídas da trilha sonora.

São as seguintes as evidências encontradas pelos fãs:

1) Na primeira capa do álbum um estranho quarteto se apresenta trajando curiosas fantasias. Um dos componentes veste uma pele de leão-marinho negra (Walrus, em inglês) — a conhecida máscara mortuária usada pelos esquimós nos funerais de seus chefes.

2) Na letra da canção constante do álbum, *I am the walrus* (Eu sou o leão-marinho) formada de frases sem sentido, encontramos a frase "kicking Edgar Allan Poe" (passando Edgar Allan Poe para trás).

Edgar Allan Poe, famoso poeta da língua inglesa, ficou conhecido como "o poeta da morte e dos mistérios".

3) No livreto, encontramos uma foto de Paul sentado atrás de uma mesa, onde se encontra uma pequena tabuleta onde se lê "I was" (traduzida em português indiferentemente por "eu era", "eu estava" ou "eu existia").

> “Estamos aprendendo a ser arquitetos, ou pintores ou escritores. Estamos aprendendo a SER. Isto é tudo.”

O Compacto Duplo
Penny Lane

Lançado quase na mesma época do LP *Sgt. Pepper's* apresenta outra impressionante "prova".

No final da canção *Strawberry fields forever* ouve-se nitidamente a voz de John Lennon dizer: - "I buried Paul" (eu enterrei Paul), basta tocar o disco gravado em 33 rotações por minuto numa rotação mais rápida de 45 rotações.

O LP
Sgt. Peppers's

Lançado em abril de 1967 na Inglaterra, esta gravação apresenta as "provas" mais impressionantes.

1) A capa do LP apresenta o conjunto Beatles em frente a uma sepultura. Em colagem e montagem de fotos, eles estão cercados por uma galeria de pessoas (a maioria já falecidas) que marcaram uma época. Entre elas e em destaque na parte superior se encontra Edgar Allan Poe — o poeta da morte.

2) Uma estranha mão espalmada se estende sobre a cabeça de Paul McCartney. Na corrente mística-oriental zen-budista da qual John Lennon faz parte, este é o símbolo da morte, de alguém que já não vive.

3) Abaixo da sepultura no lado inferior direito da foto, vê-se uma corbeille de flores amarelas no formato do contrabaixo usado por Paul Mc-

Cartney (semelhante a um violino) em posição canhota (Paul McCartney era, como todos sabem, canhoto). As quatro cordas que identificam um contrabaixo aparecem nitidamente.

Uma observação mais atenta da formação floral deixará em evidência que o desenho forma na realidade a palavra PAUL seguida de um ponto de interrogação.

Na mitologia romana, amarelo era a cor dos ramos de árvore dado a Enéias para ressuscitar e depois visitar os mortos.

Por que os Beatles fizeram na capa do seu LP o túmulo de um instrumento semelhante ao usado por Paul McCartney?

4) A foto está cercada de coroas — símbolos tradicionais dos mortos.

5) Abrindo-se o LP encontramos uma outra foto do conjunto envergando trajes de gala de uma extinta polícia londrina. No braço esquerdo de Paul vê-se um emblema tarjado de negro com as iniciais O.P.D. aplicado a soldados mortos em batalha (Officially pronounced dead), ou seja, "Oficialmente declarado (ou pronunciado) morto".

6) No verso da capa do LP, vemos as fotos de 3 membros do conjunto, facilmente reconhecíveis: John, George e Ringo. O quarto está de costas.

Ringo está com a mãos juntas em forma de prece. George aponta para onde se lê "five o'clock" (cinco horas) — provável hora da morte de Paul McCartney.

Sob a cabeça do quarto componente (o que está de costas e não deixa ver o seu rosto) lê-se "Within you — without you" (sem você — com vecê) e logo a seguir "Nós falávamos a respeito da distância que existe entre nós todos e das pessoas que se escondem atrás de um muro de ilusão sem pressentir a verdade e então é muito tarde quando elas morrem".

7) Depois do final da última faixa do LP *A day in the life (Um dia na vida)* estão gravados num espaço normalmente não utilizado em discos, estranhos sons. Colocando-se o disco em uma vitrola e fazendo-o girar ao contrário, movendo-se vagarosamente com a mão, pode-se ouvir uma voz repetir a frase "Paul McCartney is dead too" (Paul McCartney morreu também).

O LP Branco
The Beatles

É um álbum lançado no começo de 69, com dois LPs, um pôster feito com montagens de fotografias dos componentes do conjunto, tendo no verso as letras de todas as canções constantes das duas gravações e uma capa plastificada, toda branca onde se lê, gravadas em relevo, as palavras "The Beatles". Nele também podemos encontrar outras "evidências".

1) Todas as letras de canções assinadas por McCartney, constantes do pôster estão assinaladas com uma pequena cruz — a mesma usada em avisos necrológicos.

2) A letra da música *Glass Onion (A cebola de vidro)* se refere a outras canções do compacto duplo *Penny Lane, Strawberry fields forever* e *I am the Walrus* e diz: "Here's another clue for you all — The Walrus was Paul" (Aqui está outra pista para vocês todos — O leão-marinho era Paul).

3) No pôster há uma foto de Paul com os olhos fechados, parecendo morto, envolvido em algo que parece espuma ou algodão.

4) Na faixa de um dos LPs intitulada *Revolution nº 9*, que pode ser traduzido por *Revolução nº 9* ou *Inversão ou Volta nº 9*, pode-se ouvir, invertendo-se uma das quatro pistas da gravação estreofônica uma voz que diz: - "Tirem-me daqui! Tirem-me daqui!" E logo a seguir uma outra voz: "É melhor levá-lo a um cirurgião e também a um dentista. Procure um guarda."

Mais adiante: "Perdemos Paul. Paul morreu. Perdemos Paul". O nome McCartney tem 9 letras.

5) Juntamente com o álbum estão quatro fotografias — uma de cada componente do conjunto tiradas separadamente. O Paul McCartney de uma das fotos é bastante diferente do Paul McCartney das outras fotos inseridas nos discos anteriores já citados.

Possui um pequeno defeito no canto esquerdo do lábio superior, uma pinta sobre o mesmo e um queixo mais afilado.

Serão os mesmos? Ou um dos dois é um sósia? O boato de que Paul McCartney tem um sósia chamado David Campbell é verdadeiro? Será essa uma das provas?

O LP
Abbey Road

No último LP dos Beatles

Paul na época do grupo *Quarrymen*, 1961.

acrescenta mais algumas "provas circunstanciais".

1) Os Beatles se apresentam na capa atravessando uma rua pela faixa de pedestres. Três estão dando o passo com o pé esquerdo à frente e Paul com o direito.

Nas ciências ocultistas este é o símbolo de "separação dos vivos" ou "afastamento do mundo".

2) Cada um deles aparece com uma roupa diferente. John Lennon, uma roupa toda branca, semelhante à usada pelos médicos. Ringo uma casaca preta, como a dos agentes funerários e George um traje mescla típico dos coveiros ingleses. Paul usa um traje comum e está descalço. Nas religiões orientais esse é o símbolo de luto em honra dos mortos.

Será esse o verdadeiro Paul?

3) O muro que se vê no lado esquerdo da foto é o de um conhecido cemitério londrino.

4) O furgão negro visto no lado direito da foto é um carro de emergência, utilizado em socorro de trânsito pela polícia de Londres para transportar feridos ou pessoas mortas em acidentes automobilísticos.

5) No verso da capa do LP, lê-se na parede de um muro as palavras "Beatles" e *Abbey Road*. Antes da palavra "Beatles" se encontram oito estranhos pontos que unidos formam o número 3.

Por que "três" Beatles?

Mas há também quem não acredita na morte de Paul McCartney.

Desde os primeiros rumores da morte de Paul McCartney, os aficionados dos Beatles começaram a buscar as provas de sua morte.

Todas as gravações do conjunto em 33 rotações foram ouvidas em 45, 78 e até 16 rotações por minuto, exaustivamente. As diferentes faixas das gravações estereofônicas foram separadas em gravadores especiais e ouvidas atentamente em busca de evidências. Muitas faixas que chamavam mais a atenção foram ouvidas ao contrário.

Disc-jóqueis da estação WNEW de Nova York chegaram a fazer amplificações das faixas magnéticas tentando encontrar outras pistas.

O professor Henry M. Truby, da universidade de Miami, colaborando com alguns estudantes interessados no problema conseguiu mais uma prova.

Submeteu algumas frases típicas das canções interpretadas por Paul McCartney ao exame de um aparelho eletrônico — o Sonograma, capaz de medir a altura da freqüência de qualquer voz. Este aparelho por sua exatidão é capaz de substituir o velho sistema de impressões digitais usado na identificação de pessoas.

Baseia-se no princípio de que cada voz tem uma característica, um certo "timbre" que a diferencia de qualquer outra. O aparelho transforma essas pequenas diferenças em diagramas claros e legíveis.

O Prof. Truby teve a oportunidade de examinar a frase de "all my troubles" (todos os meus problemas) extraída de duas gravações de épocas diferentes (antes de 1967 e posterior a este ano).

Constatou, surpreendentemente, que as vozes atribuídas a Paul McCartney nas duas gravações pertenciam a duas pessoas diferentes!

Apesar de todas as provas circunstanciais e evidências da morte de Paul encontradas, muitas pessoas, porém, pensam de modo diferente.

Assim, a importante revista *Life* publicou em seu número de 24 de novembro de 69, uma reportagem sob o título "PAUL IS STILL WITH US" (Paul ainda está conosco) para provar que o cantor ainda está vivo.

A Apple divulgou uma carta assinada por McCartney em que ele se confessava muito surpreso de saber que morrera e que as iniciais "O.P.D." encontradas na fotografia do LP *Sgt. Pepper's* não significam "Oficialmente declarado morto", mas sim "Ontario Police Department", ou seja "Departamento da Polícia de Ontário". Acrescentava que tinha comprado o emblema no Canadá.

Afirmava ainda que tinha aparecido descalço na capa do LP *Abbey Road* porque estava com calor na hora da foto e tinha tirado os sapatos e que o leão-marinho de cor negra do álbum *Magical Mistery Tour* era John e não ele.

Concluía dizendo "não tenho feito televisão, shows ou filmes ou concedido entrevistas. Fiz isso durante dez anos e tenho direito de descansar um pouco com minha família. Tenho dois filhos, um lar, uam esposa que amo e minha fazenda na Escócia. Tenho o direito de viver um pouquinho para eles. Não estou morto e se estivesse seria o primeiro a saber".

Não precisamos dizer que

os que acreditam na morte de McCartney não acreditaram na carta divulgada pela gravadora dos Beatles.

A grande verdade é que as opiniões a respeito do "caso McCartney" estão divididas.

Já vimos as "provas" apontadas pelos que "assassinaram" o ídolo.

Vejamos agora algumas das refutações apresentadas pelos que *não* acreditam na morte de McCartney:

1) Paul McCartney se casou com Linda Eastman, filha de um advogado nova-iorquino e fotógrafa da Apple, no dia 13 de fevereiro de 1969, fato amplamente divulgado pela imprensa de todo o mundo. Foi fotografado, reconhecido por centenas de fãs e ninguém presente à cerimônia em nenhum momento duvidou que o noivo não fosse o famoso cantor.

2) Não existe nenhuma prova concreta que exista realmente esse David Campbell, suposto sósia de Paul.

3) As pessoas mudam com o passar do tempo. Compare você mesmo duas fotografias suas tiradas em épocas diferentes e veja se você não está mudado em muitos detalhes.

4) A sepultura da capa do LP *Sgt. Pepper's* foi o enterro que os Beatles fizeram da civilização ocidental, civilização de uma época voltada para valores materiais: seus ídolos (inclusive eles próprios, numa fase antiga, retratados em imagens de cera) e os valores dessa sociedade (inclusive um aparelho de televisão) lá se encontram estampados.

Esta gravação marca o início dos caminhos novos pesquisados pelo conjunto e a nova filosofia de vida válida para os Beatles, voltada para os valores humanos, fruto de seus estudos com o mestre "guru" Maharishi que os introduziu no zen-budismo fazendo com que abandonassem o uso de drogas como o LSD e a vida desregrada que levavam.

O LP foi feito, inclusive, baseando-se em quase sua totalidade na pesquisa de música oriental.

Assim, para cada evidência encontrada, muitos pesquisadores encontram refutações à altura.

Muitos acreditam até que a morte de Paul McCartney seja apenas uma "morte vocal". McCartney, cheio de compromissos à testa da organização Apple depois da morte de Brian Epstein, cansado da vida agitada de cantor, famoso e multimilionário, resolveu se afastar do conjunto, continuando apenas como compositor.

Se Paul não canta mais, resta porém os Beatles. Uma voz pode ser sempre substituída. Assim, a partir de 1967, eles começaram a celebrar gradativamente o funeral de Paul, ou melhor, da sua voz.

Isto explica a suspensão das apresentações ao vivo, o simbolismo fúnebre e as mensagens criptográficas espalhadas em todos os discos a partir daquela época. A onda da morte de Paul parece ser mais uma das bem boladas fórmulas de publicidade da Apple. O jogo deverá continuar?

Um dos diretores da Odeon, o Sr. Adail Lessa, representante da gravadora dos Beatles no Brasil anuncia: — "Um novo disco do conjunto e um livro deverá ser lançado nos próximos dias. Ignoramos se Paul McCartney está morto ou não".

Muito convenientemente o diretor de uma empresa que tem interesse direto na existência do compositor e cantor, ignora tão importante assunto.

Está claro que o próximo lançamento dos Beatles será tomado de assalto por uma onda enorme de curiosos e marcará mais um grande sucesso desses quatro gênios de nosso século.

(Fonte: Editora Samambaia S.A. São Paulo.)

Paul e Os Beatles

Hunter Davies

Infância e Juventude

Paul nasceu James Paul McCartney, no dia 18 de junho de 1942, numa enfermaria particular do Walton Hospital em Liverpool, o único Beatle a nascer em tal ambiente luxuoso. Sua família era uma família comum da classe média. Isso foi no ponto culminante da guerra. Paul chegou em grande gala, porque sua mãe, durante uma certa época, havia sido irmã encarregada da enfermaria da maternidade. Deram-lhe um tratamento de estrela quando ela voltou para ter Paul, seu primeiro filho.

Sua mãe, Mary Patricia, abandonara o trabalho do hospital, fazia apenas um ano, quando casou com seu pai, tornando-se *health visitor* (misto de enfermeira e ssistente social. N. do T.). Seu nome de solteira era Mohin e, como o marido, era de descendência irlandesa.

Jim McCartney, o pai de Paul, começou a trabalhar aos quatorze anos como garoto de amostras em *A*. Hannay and Co., corretores e comerciantes de algodão em Chapel Street, Liverpool. Ao contrário da esposa, ele não era católico. Sempre se classificou como agnóstico. Jim nasceu em 1902, numa família de três irmãos e quatro irmãs.

Foi considerado de muita

Paul numa cena do filme *Help*, 1965.

sorte, quando deixou a escola e conseguiu um emprego na indústria de algodão. Essa indústria estava em franco progresso e Liverpool era o centro de importação para os teares de Lancashire. Conseguir um emprego nesta indústria significava estar estabelecido para toda a vida.

Como menino de amostras, Jim recebia seis shillings por semana. Tinha de descobrir prováveis compradores de algodão e apresentar-lhes as amostras do artigo que lhes poderia interessar. A firma Hannay importava o algodão, separava-o, classificava-o e então vendia para as fábricas de tecidos.

Jim se desincumbiu muito bem no cargo e, aos vinte e oito anos, foi promovido a vendedor de algodão. Isso foi considerado um grande sucesso para um rapaz comum. Geralmente, os vendedores de algodão pertenciam à classe média. Jim foi sempre um rapaz simples e ativo, com um sorriso aberto e simpático.

Quando conseguiu essa grande promoção, deram-lhe um salário de 250 libras por ano. Salário não muito grande, mas bastante razoável.

Jim era muito moço para a Primeira Guerra Mundial e muito velho para a Segunda, e com audição num só ouvido — ele teve um tímpano perfurado, quando, aos dez anos de idade, caiu de um muro — por isso, não foi convocado. Contudo, era capaz de realizar algum tipo de trabalho durante a guerra. Quando o Mercado do Algodão fechou, foi mandado, por esse motivo, para as fábricas de Napiers.

Em 1941, aos trinta e nove anos, Jim se casou. O casal mudou-se para quartos mobiliados, em Anfield. Quando Paul nasceu, ele trabalhava, durante o dia em Napiers e de noite como bombeiro. Como sua esposa havia trabalhado no hospital, ele podia visitá-la quando bem entendia, não estando sujeito às horas de visita.

"Ele tinha uma aparência horrível, eu não podia suportar isso. Tinha só um dos olhos abertos e chorava o tempo todo. Eles o levantaram e ele parecia um pedaço horroroso de carne vermelha. Quando cheguei em casa chorei, pela primeira vez, em muitos anos."

Apesar do trabalho médico de sua esposa, ele nunca teve doença de qualquer espécie. O cheiro de hospitais o fazia ficar nervoso, medo que Paul herdou dele.

"Contudo, no dia seguinte, ele parecia mais humano. E, cada dia que passava, suas feições melhoravam. Afinal, ele se tornou um lindo bebê."

Um dia, enquanto Paul brincava no jardim de casa, sua mãe descobriu algumas manchas de cinza em seu rosto e disse que tinham de se mudar. O trabalho em Napiers, nos motores Sabre, era contado como trabalho para a Força Aérea; desta forma, Jim conseguiu obter uma casa no Knowlsely State, em Wallasey. Eram casas da prefeitura, e algumas foram reservadas ao Ministério da Aeronáutica. "Costumávamos chamá-las de meias casas, porque eram muito pequenas, com tijolos nus pelo lado de dentro. Era muito melhor do que morar em quartos mobiliados com um bebê."

O trabalho de Jim, em Napiers, terminou antes do fim da guerra, e ele foi transferido para um emprego na Liverpool Corporation Cleansing Department, como inspetor temporário, e lhe cabia verificar se os lixeiros estavam trabalhando direito.

Recebia pouco dinheiro na Corporation, e sua esposa voltou ao emprego de *health visitor*, até o nascimento de seu segundo filho, Michael, em 1943.

Na verdade, nunca ela gostou tanto de visitas como as da enfermaria. Era muito trabalho — das nove às cinco —, como um serviço de escritório. Então ela voltou à obstetrícia, arranjando dois empregos de parteira domiciliar, o que significava viver em grandes propriedades e tomar conta de todas as futuras mães daquela área. Juntamente com o emprego, vinha uma casa da prefeitura. O primeiro posto foi na Western Avenue, em Speke, e o segundo em Ardwick Road. Ela era chamada todas as noites.

Jim diz que ela trabalhava demais, mais do que deveria, pois ela sempre fora superconscienciosa.

A primeira lembrança de Paul, provavelmente quando tinha três ou quatro anos, é de sua mãe. Ele se recorda de alguém chegando à porta e entregando-lhe um cachorro de gesso. "Deve ter sido um presente por algum parto que ela fez. As pessoas sempre lhe davam presentes dessa espécie."

"Tenho, ainda, outra lembrança: a de me esconder de alguém e depois bater-lhe na cabeça com uma barra de ferro. Entretanto, acho que a recordação do cachorro de gesso é anterior."

Lembra-se ainda de sua mãe, quando ela tentava corrigir-lhe a pronúncia. "Eu falava muito, como todos os outros garotos da vizinhança. Enquanto me corrigia, eu lhe imitava a pronúncia e ela ficava sentida, o que me fazia ficar muito preocupado."

Paul entrou para a escola primária — Stockton Wood Road Primary — quando ainda moravam em Speke. Sua mãe decidiu-se contra uma escola católica romana, pois estivera em muitas delas, como *health visitor* e não gostara do que viu. Michael, também, logo foi mandado para a mesma escola. "Eu me lembro da diretora dizendo como os dois meninos eram bons com as crianças menores", lembra Jim, "sempre ajudando-as. Ela dizia que Michael seria um líder. Acho que era porque ele estava sempre discutindo. Paul era muito mais calmo em fazer as coisas. E tinha um senso muito mais prático. Mike expunha-se muito. Paul sempre evitava problemas."

Quando a escola ficou muito cheia, foram transferidos para uma outra, no interior, a Joseph Williams Primary School, em Gateacre.

À medida que ficava mais velho, Paul foi aperfeiçoando sua diplomacia tranqüila, continuando a fazer tudo calmamente, — como sua mãe — , em vez de fazê-lo com a agitação de Michael.

"Certa vez, eu estava batendo em Michael por ele ter feito algo errado", relembra Jim, "Paul ficou perto gritando para Mike: — 'Diga que não foi você, que ele pára'. Mike reconhecia seu erro, não importava o que fosse. Paul era sempre capaz de escapar dos perigos."

"Eu era bastante furtivo", diz Paul. "Se às vezes eu apanhava, por ter feito alguma coisa errada, costumava entrar no quarto deles, quando não estavam, e rasgar a parte de baixo das cortinas de renda, só um pedacinho, e pensava: que isso lhes sirva de lição."

Facilmente, Paul terminou o primário e logo foi para o Liverpool Institute. É a escola secundária mais conhecida de Liverpool. Foi fundada em 1825, como o Mechanics' Institute; essa é a razão de seu nome. O Liverpool Art College, que funciona no mesmo prédio, fazia parte do Institute até 1890. A University of Liverpool também partilha da mesma origem. Com o tempo, tornou-se uma escola para rapazes, acabando todos os cursos para adultos, por volta de 1900. Entre seus ex-alunos incluem-se Arthur Askey, James Laver, Lord Justice Morris e o falecido Syd Silverman.

Michael também passou para o Institute, mas foi classificado em uma das turmas mais atrasadas. Paul saiu-se muito bem e esteve sempre entre os primeiros da classe.

"Era capaz de fazer seus deveres de casa enquanto assistia aos programas de televisão", diz Jim. "Eu costumava dizer-lhe que ele não podia fazer as duas coisas ao mesmo tempo. Uma vez, perguntei-lhe o que estava passando na televisão e ele sabia, e simultaneamente fazia uma redação. Era bastante inteligente, para entrar, sem dificuldade, para uma universidade. Isso era o que eu sonhava para seu futuro. Conseguir um B.A. ou um B.Sc. depois do nome, e ele estaria bem encaminhado. Quando descobriu o que lhe almejava, tentou deixar de obter boas notas. Sempre foi bom latinista, mas quando eu disse que ele precisaria muito do latim, ele começou a negligenciar."

No Institute, tornou-se o garoto mais precoce de sua turma, sob o aspecto sexual, conhecendo tudo ou quase tudo sobre o assunto, mesmo em seus primeiros anos.

"Uma vez fiz um desenho obsceno para a turma. Fui eu que fiz. Era dobrado de tal modo que você só via a cabeça e os pés da mulher, mas, quando aberto, via-se que ela estava nua. Era um divertimento de garoto de escola, com pêlos na região púbica e tudo o mais, não que eu tivesse idéia de como aquilo realmente era. Por engano, deixei-o no bolso de cima da camisa. Esse era o bolso em que eu costumava guardar os meus vales de refeição e mamãe sempre o revistava, antes de lavar, pois eu costumava esquecer alguns.

"Cheguei a casa, um dia, e ela me mostrou o desenho, perguntando-me se era eu quem tinha feito aquilo. Disse-lhe que não, honestamente não. E sim o Kenny Alpin, um garoto da nossa classe, e que ele, por certo, deveria tê-lo colocado ali. Eu lhe diria se o tivesse feito. Afirmei isso, por dois dias. Por fim, acabei confessando a verdade. A vergonha foi terrível."

Depois do primeiro ano, quando obteve 90 por cento em latim, Paul se encheu do

trabalho da escola. "Foi fácil no primeiro ano. Eu me mantinha limpo e zeloso, porque achava que devia ser assim. Depois, isso se tornou chato. Nunca, em meu tempo de escola, alguém me explicou por que e para que eu estava sendo educado. O velho falava na necessidade de se tirar diplomas e tudo aquilo, mas eu nunca prestava atenção. A gente ouve isso com muita freqüência. Tínhamos professores que apenas despejavam regras ou nos contavam um bocado de porcaria sobre suas férias, no País de Gales, ou o que eles tinham feito no Exército.

"Os deveres de casa eram de uma chateação total. Eu simplesmente não suportava ficar fazendo-os, numa noite de verão, enquanto os garotos estavam brincando na rua. Havia um campo do outro lado da nossa casa, em Ardwick, e eu olhava pela janela e os via se divertindo.

"Na vizinhança, não havia tantos alunos do Institute. Chamavam-me de pudim de escola.

Tudo que eu almejava eram mulheres, dinheiro e roupas. Eu costumava roubar coisas como cigarros. Entrávamos nas lojas, enquanto o dono estava na parte dos fundos, e roubávamos antes que ele voltasse. Durante anos, o que eu sonhava na vida era ter cem libras. Imaginava que com isso eu poderia ter uma casa, uma guitarra e um carro. Se eu possuísse dinheiro, teria alcançado o máximo."

Contudo, Paul não era de todo inútil na escola. Em 1953, recebeu um prêmio por uma redação — um Special Coronation Prize, um livro chamado *Seven Queens of England* de autoria de Geoffrey Trease, editado pela Heinemann; ainda hoje o guarda. Ele sempre obtinha boas notas em suas redações. "Lembro-me de um inspetor escolar que me perguntava como era que eu podia escrever uma redação tão perfeita sobre cerâmica. Eu havia escutado esse tema, pelo rádio, na cama, usando fones nos ouvidos. É uma invenção maravilhosa, a gente ficar deitado ouvindo rádio. Fazia coisas incríveis usando a imaginação."

Jim havia instalado um par de fones para cada um, numa tentativa de obrigá-los a ir cedo para a cama, ficar lá e não brigar. Eles brigavam muito, mas não mais do que a maioria dos irmãos. Michael costumava chamar Paul de *Fatty*, para

Paul McCartney ao lado de Jane Asher, 1966.

provocá-lo. "Ele havia sido um lindo bebê, com olhos grandes e longos cílios", diz Jim. "As pessoas costumavam dizer: "Oh, qualquer dia ele vai quebrar o coração de todas as garotas." Entretanto, no começo da adolescência, ele começou a engordar, por algum tempo.

Os McCartneys mudaram-se de Ardwick quando Paul tinha uns treze anos. Sua mãe deixou de ser parteira domiciliar, apesar de, mais tarde, voltar a trabalhar como *health visitor*.

Eles receberam uma casa da prefeitura em Forthlin Road 20, Allerton, onde Paul, daí em diante, passou sua juventude. A casa fica no meio de uma alameda, um pouco acanhada e insignificante, mas bem feita e limpa. A Menlove Avenue está a menos de duas milhas de distância.

Estavam morando em Forthlin Road fazia pouco tempo — Paul tinha apenas quatorze anos — quando sua mãe começou a sentir dores no seio. As dores continuaram por três ou quatro semanas, desaparecendo e voltando, e ela pôs a culpa na menopausa. Estava com quarenta e cinco anos. "Deve ser a modificação", costumava dizer a Jim. Falou com vários médicos, e eles concordaram com ela, aconselhando-lhe que procurasse esquecer. Contudo, as dores continuaram, cada vez mais fortes.

Um dia, Michael chegou repentinamente em casa e encontrou-a chorando. Pensou que fosse por ele e Paul estarem fazendo alguma coisa errada. Ele nunca lhe perguntou o que era. Nem ela disse. Porém, dessa vez, ela decidiu procurar um especialista. Ele diagnosticou câncer. Operaram, e ela morreu. Tudo aconteceu no espaço de um mês depois de ela ter sentido as primeiras dores sérias.

"Isso me arrasou", afirma Jim. "Eu não podia compreender. Foi horrível para os meninos. Especialmente para Michael, que ainda tinha doze anos e era muito apegado a ela. Eles não ficaram muito prostrados. A morte da mãe os atingiu mui lentamente."

"Não consigo lembrar-me dos detalhes daquele dia", diz Michael. "Só consigo recordar-me de que um de nós, não me lembro quem, fez uma piada tola. Durante meses nós dois nos arrependemos disso."

Paul se lembra do que foi. "Fui eu. A primeira coisa que eu disse foi o que é que nós vamos fazer sem o dinheiro dela?"

Naquela noite, os dois choraram na cama. Durante os dias seguintes, Paul rezava para que ela voltasse. "Orações idiotas, entende, "se você a trouxer de volta eu serei muito, muito bom para sempre". Creio que isso só demonstra o quanto a religião é estúpida. Entende, as orações não funcionaram, exatamente quando eu precisava que elas funcionassem."

Durante os funerais, os dois garotos se mudaram, por alguns dias: foram para a casa de sua tia Jinny. "Acho que papai não queria que o víssemos arrasado", diz Paul. "Na casa de tia Jinny foi meio chato. Nós dois tínhamos que dormir na mesma cama."

Jim ficou com o maior problema. Em casa, ele nunca havia feito nada, pois sua esposa era muito organizada. Agora, ele ficava só, para acabar de criar dois garotos, um de quatorze e outro de doze anos, com eles passando, talvez, por seus anos mais difíceis. E ainda tinha problemas financeiros. Como parteira, sua mulher ganhava mais do que ele, como Paul havia mencionado tão cruelmente. Em 1956, o salário de Jim era de apenas oito libras por semana. Todos os outros trabalhadores estavam pelo menos começando a sentir o princípio da afluência, mas o comércio do algodão, no qual ele supunha estar com a vida garantida, estava atravessando tempos difíceis.

Duas de suas irmãs ajudaram-no muito — tia Milly e tia Jinny. Uma delas vinha, uma vez por semana, a Forthlin Road, para limpar toda a casa devidamente. E quando os meninos eram jovens, elas freqüentemente ficavam por perto, para recebê-los, quando chegavam da escola.

"Os invernos eram ruins", diz Jim. "Os meninos, quando chegavam da escola, tinham que acender o fogo. Era eu quem cozinhava."

"O maior problema era pensar que espécie de pai eu ia tentar ser. Quando minha mulher estava viva, era eu quem os castigava. Quando era preciso, fazia o trabalho pesado. Minha mulher fazia o trabalho leve. Se nós os mandávamos para a cama, sem jantar, era ela quem lhes levava qualquer coisa para comerem na cama, mais tarde, apesar de, muitas vezes, ter sido minha a idéia."

"Agora eu tinha que decidir se seria um pai ou uma mãe, ou os dois, ou confiar neles e sermos apenas amigos, ajudan-

“Eu lutei para abrir meu caminho, desde os subúrbios de Liverpool. E não estou disposto a jogar tudo isso por terra.”

do-nos simultaneamente.”

“Tinha que confiar bastante neles. E dizia-lhes: `Quando vocês chegarem da escola, não entrem, a menos que uma de suas tias esteja aqui’. Do contrário, eles trariam seus colegas e me quebrariam a casa toda.”

“Às vezes chegava em casa e notava a falta de cinco ovos. No começo eles não confessavam o que havia acontecido com os ovos. Então diziam: “Ah, pois é, demos um ovo frito a cada colega”.

“De modo geral, eles eram muito bons. Mas eu sentia a falta de minha mulher.”

Michael, por seu lado, não sabia como seu pai se agüentava. “Nós éramos terríveis e cruéis. Ele era maravilhoso. E todo aquele tempo sem uma mulher. Eu não consigo compreender isso. Paul deve muito a papai. Nós dois devemos.”

Os dois costumavam fazer gozação de sua filosofia doméstica. “Lá vem ele com suas duas palavrinhas mágicas”, costumavam dizer. Jim freqüentemente afirmava-lhes que as duas coisas mais importantes na vida são a tolerância e a moderação.

“Tolerância é muito importante”, diz Jim. “Como todas as crianças, riam de pessoas com defeitos. Eu explicava-lhes de que *eles* não gostariam de que rissem deles. E moderação, muita confusão é causada pela sua falta. A gente está sempre ouvindo as pessoas dizerem "Eu enforcaria o patife", sem pensar cuidadosamente no que seria melhor para cada um".

Jim sempre pensou no que era melhor para as pessoas. Ele tem um encanto e uma cortesia natural com todos, mas ela não é apenas parte da lábia macia dos vendedores, é algo muito mais profundo e genuíno do que isso. Nas mãos de um pai menos refletido e menos atencioso, eles facilmente poderiam ter-se arrebentado, quando a mãe morreu.

De sua mãe, Paul parece ter herdado a capacidade para o trabalho duro e a dedicação. Ele é o tipo de pessoa que sempre pode conseguir que as coisas sejam feitas, quando quer que sejam.

De uma certa forma, Paul desprezava a escola e todo o sistema adotado para passar de ano, segundo certas regras, da mesma forma que John. No entanto, havia uma parte dele que não desejava ficar por baixo. Ele podia sempre se voltar para o trabalho árduo, mesmo em pequenos impulsos, o suficiente para fazê-lo passar. John se tornou completamente relaxado e sem espírito de colaboração. Paul nunca poderia ter feito isso.

Seu irmão Michael pensa que houve uma influência direta da morte de sua mãe sobre Paul.

"Foi logo depois da morte de mamãe que começou. Tornou-se uma obsessão. Tomou toda a sua vida. A gente perde a mãe e encontra uma guitarra? Não sei. Talvez apenas tenha vindo naquela época e se tornou uma fuga. Mas fuga de quê?"

Paul e os Quarrymen

Quando criança, Paul não demonstrou nenhum interesse especial pela música. Tanto ele quanto seu irmão Michael foram mandados para algumas aulas de piano, mas nada aconteceu. "Cometemos o erro de fazê-los começar no verão", diz Jim. "O professor costumava vir a nossa casa e os garotos ficavam batendo na porta a todo instante, convidando-os a sair para brincar. Então, eu fiz com que eles fossem à casa do professor, mas isso não durou muito."

Jim também quis que Paul entrasse para o coro da Catedral de Liverpool. "Obriguei-o a ir, mas ele deliberadamente desafinou durante a audição.

Mais tarde, entrou para o coro da igreja de St. Chad, perto de Penny Lane, ficando lá por pouco tempo."

Mais tarde, ainda, Paul ganhou de um tio um velho pistão, no qual ele aprendeu sozinho a tocar algumas músicas. Este talento para a música veio de seu pai. Quando menino, Jim aprendeu sozinho a tocar piano. De todos os Beatles, o pai de Paul era o único que possuía alguma experiência como músico.

"Eu nunca tive nenhuma aula. Apenas costumava tocar alguns acordes num velho piano, de segunda mão, que alguém nos dera, quando eu tinha uns quatorze anos e morava em Everton. O piano fora comprado na North End Music Stores. Nems — posso lembrar-me do nome gravado nele. Tinha um bom ritmo e conseguia tocar a maioria das músicas. Eu nunca me desacreditei."

Pouco depois de ter começado a trabalhar, Jim McCartney fundou uma pequena banda de *ragtime*, para tocar nas festas de trabalhadores. Isso foi por volta de 1919, quando ele estava com dezessete anos.

A primeira apresentação pública do conjunto foi numa festa do St. Catherine's Hall na Vine Street, em Liverpool. "Nós pensávamos que precisávamos de alguma bossa, então cobrimos nossa cara com máscaras negras e passamos a nos chamar The Masked Melody Makers. Mas logo começamos suando tanto que a tinta do tecido escorria pela nossa cara. Isso foi o começo do fim dos Mascarados Melódicos."

Então mudaram de nome, passando a denominar-se Jim Mac's Band. Todos usavam *smockings* com o peito e os punhos da camisa feitos de papel. "Eles eram muito bons. A gente comprava uma dúzia de punhos de papel por um *penny*. Ninguém notava a diferença."

"Eu dirigi a banda cerca de quatro ou cinco anos, apenas parte do tempo. Era o pretenso chefe sem, entretanto, haver distinções.

"Uma ocasião tocamos na primeira apresentação local do filme *The Queen of Sheba*. Nós não sabíamos o que tocar. Quando começou a corrida de bigas, tocamos uma canção popular daquela época, chamada *Thanks for the Buggy Ride*. E quando a Rainha de Sabá estava morrendo, tocamos *Horsy Keep your Tail up*."

Com o advento da Segunda Guerra Mundial e da família,

Jim terminou sua carreira de músico, apesar de tocar freqüentemente um pouco de piano em casa. “Enquanto eu tocava piano, Paul nunca se mostrava interessado. Mas adorava ficar na cama, ouvindo músicas pelos fones. E, quando tinha quatorze anos, passou a querer uma guitarra. Não sei o que o fez querer isso.”

Sua guitarra custou quinze libras, e, no começo, Paul não conseguia tocar nada. Parecia haver algo errado com ela. Então, descobriu que não tocava certo porque era canhoto. Levou-a de volta à loja para que fosse adaptada. “Eu nunca fui realmente um entusiasta do pistão. Gostava de guitarra porque podia tocar logo, depois de ter aprendido alguns acordes. E também podia cantar ao mesmo tempo.”

Interessara-se pela música popular desde os doze anos, como a maioria de seus colegas. O primeiro concerto a que assistiu foi um da Eric Delaney’s Band, no Liverpool Empire, quando tinha doze anos. Aos quatorze, ficava na fila, durante a hora do almoço, para assistir Lonnie Donegan. “Lembro-me que ele costumava chegar atrasado. Escrevia bilhetinhos para as operárias, explicando que o atraso delas era por causa dele, pois as havia feito esperar.”

“Nós costumávamos ficar por perto da porta do palco, à espera de qualquer um que nos desse um autógrafo. Certa ocasião, fiquei na fila para receber o autógrafo de Wee Willie Harris.”

Freqüentava, também, o Pavilion. “Lá se realizavam shows de nudez. As mulheres ficavam completamente despidas. Algumas delas eram ótimas. Era engraçado deixarem-nos assistir a tais *shows*, naquela idade. Isso era bom, limpo e sujo ao mesmo tempo.”

Como John e os outros, ele foi influenciado pela fase do *skiffle* e os primeiros números de *rock and roll*, tocados por Bill Haley, e, como John, só com Elvis Presley foi que ficou completamente arrebatado. “Era o negócio mais bacana do mundo. Sempre que eu me sentia deprimido, botava um disco do Elvis e passava a me sentir ótimo, lindo. Eu não tinha a mínima idéia de como os discos eram feitos e era mágica pura. Era genial!”

Quando ganhou sua guitarra, tentava tocar as músicas de Elvis, ou qualquer outra coisa que fosse popular. Sua melhor imitação era a de Little Richard.

“Eu costumava achar aquilo

horrível", diz seu pai. "Absolutamente horrível. Não podia acreditar que alguém fosse realmente daquele jeito. Só muitos anos mais tarde, quando vi Little Richard no mesmo programa dos Beatles, foi que eu vi o quanto a imitação de Paul era boa."

"Desde o momento em que ele conseguiu a guitarra, foi o fim", declara Michael. "Ele estava perdido. Não tinha mais tempo para comer ou pensar em qualquer outra coisa. Tocava na privada, no banho, em todos os lugares."

Havia outro colega de classe que, na mesma época, ganhara uma guitarra, Ian James, de Dingle. Os dois costumavam sair levando suas guitarras. Um tocava para o outro, ensinando-se mutuamente os pedaços que tinham aprendido. "Costumávamos circular pelos parques de diversão", diz Paul, "ouvindo as últimas músicas no Waltzer e tentando tocá-las. Também tentávamos tocar como os pássaros. Isso nunca funcionou. Eu não tinha jeito para pegar uma única música daquela forma."

Paul e Ian James usavam o mesmo modelo de casaco esportivo branco — segundo a canção popular *A White Sports Coat*. "Ele tinha umas pintas e tampas sobre os bolsos. Nós costumávamos ir juntos a toda parte vestidos da mesma forma e pensar que estávamos abafando. Nós dois usávamos penteado à Tony Curtis. Demorava horas aprontá-lo."

Jim McCartney tentou demovê-lo de se vestir daquele jeito, mas não conseguiu nada. "Paul era muito vivo", diz Michael. "Quando comprava calças novas, ele as trazia para casa, para mostrar a papai como elas eram largas e para que ele aprovasse. Depois, ele as levava de volta e mandava apertá-las. Se, mais tarde, o velho notasse alguma coisa, ele jurava que aquela era a calça que ele havia aprovado."

"Eu estava preocupado com o fato de ele tornar-se um teddy boy", diz Jim. "Eu abominava aquilo. Vivia dizendo-lhe que não usasse calças apertadas. Ele acabava vencendo pelo cansaço. Seu cabelo também estava sempre comprido, mesmo naquela época. Ele voltava do barbeiro com a mesma aparência de antes. Aí eu dizia: "Quer dizer que estava fechado, eh?"

Paul estava tão interessado nas garotas quanto na guitarra. "Acho que a primeira vez foi quando eu tinha quinze anos. Creio que foi um pouco cedo para fazê-lo. Penso que fui o primeiro da minha turma. Ela era mais velha e maior do que eu. Foi na casa dela. Ela pretextou ficar cuidando do irmãozinho, quando a mãe saiu. No dia seguinte, naturalmente, eu contei a todo mundo na escola. Era um linguarudo de marca."

Lembra-se claramente daquele dia do verão de 1956, quando Ivan disse que ia à Woolton Parish Church, assistir a esse grupo, no qual ele tocava de vez em quando, apesar de que, naquele dia, não tocaria. Paul concordou, e também iria vê-los. "Poderia ter alguma garota para arranjar."

"Eles não eram ruins", diz Paul. "John tocava a primeira guitarra. Mas a tocava como se fosse banjo, com acordes de banjo, e isso era tudo que ele sabia."

"Nenhum deles tinha tanta idéia quanto John para tocar. Apenas iam na onda."

"Tocavam coisas como *Maggie May*, mas com a letra um pouco diferente. Era John quem a tinha inventado, pois não conhecia o original muito bem."

"Estavam tocando do lado de fora, num grande campo. John, enquanto tocava, olhava em volta, observando a todos. Depois, ele me disse que aquela era a primeira vez que tentava controlar uma platéia, você sabe, controlá-los, vendo quando era melhor torcer um ombro para eles ou não se mover nem um pouco."

"Como sempre, eu usava meu casaco branco e calças pretas. Eu as apertara novamente, depois da escola. Elas estavam tão estreitas que surpreendiam a todo mundo."

"Depois, dei a volta para vê-los no Church Hall. Falei com eles, só conversando e me mostrando. Mostrei-lhes como tocar *Twenty Flight Rock* e disse-lhes toda a letra. Eles não sabiam. Depois toquei o *Be Bop A Lula*, que eles também não sabiam direito. Por fim, fiz minha imitação de Little Richard, exibindo todo o meu repertório. Lembro-me daquele cara com bafo de cerveja, aproximando-se e respirando no meu pescoço enquanto eu estava tocando. "O que é que esse bêbado 'tá fazendo?", pensei. Então ele disse que o *Twenty Flight Rock* era uma de suas favoritas. Descobri que era um conhecedor."

"Era o John! Havia acabado de tomar algumas cervejas. Ele tinha dezesseis anos e eu estava com apenas quatorze, por conseguinte ele já era um homem. Executei-lhe mais alguns acordes que ele não sabia. Na verdade Ian James é quem me havia ensinado. Afinal, fui embora, achando que tinha causado uma grande impressão, mostrando-lhes como eu era bom de música."

Contudo, Pete Shotton não se lembra de Paul causando nenhuma grande impressão. Pete, não sabendo música, dificilmente se impressionaria pelo *Twenty Flight Rock*, por mais brilhantemente que fosse executada.

"Verdadeiramente, no primeiro encontro, não fui muito com a cara de Paul", declara Pete. "Ele parecia muito tranqüilo, mas todos são assim, quando encontram um novo grupo pela primeira vez. Na realidade, no princípio, eu não estava com ciúmes dele. Ele era muito mais moço do que nós. Não pensei que fosse tornar-se um rival. Eu e John ainda éramos os caras mais unidos. Eu sempre fui amigo de John e o estimava."

John recorda-se de ter meditado sobre seu encontro com Paul. Isso era raro nele: pensar sobre as coisas em vez de tomar logo uma decisão, qualquer que fosse ela, e em que hora fosse.

"Eu estava de pileque naquele dia", lembra John. "Por isso, provavelmente, não me decidi logo."

"Fiquei muito impressionado com o jeito de Paul tocar *Twenty Flight Rock*. Era evidente que ele sabia tocar guitarra. Pensei comigo mesmo: "Ele é tão bom quanto eu. Agora, pensei, que acontecerá se eu o admitir no conjunto? Achei que teria de mantê-lo na linha se o deixasse entrar. Ele era bom, de modo que valia a pena tê-lo. Ele também parecia com o Elvis. Eu o manjava."

Cerca de uma semana mais tarde, Paul foi na sua bicicleta à Menlove Avenue, para ver Ivan. No caminho, atravessou o campo de golfe de Allerton. Na volta, encontrou Pete Shotton. "Pete contou-me que estiveram falando a meu respeito. Será que eu queria entrar para o grupo deles? Achei a idéia ótima, estava resolvido."

Sua primeira apresentação em público, como membro dos Quarrymen, foi numa festa no Conservative Club, em Broadway. Naquela tarde, Paul faria o seu pequeno solo, provavelmente em *Twenty Flight Rock*, mas aconteceu um contratempo, e ele acabou não o fazendo.

Após a festa tocou para John

umas duas músicas de sua autoria. Desde que começara a tocar guitarra, ele vinha tentando escrever algumas de suas próprias musiquinhas. A primeira música que tocou para John, naquela tarde, chamava-se *I Lost My Little Girl*. Para não ser superado, John logo começou a compor suas músicas. Durante algum tempo ele já vinha elaborando e adaptando as letras e músicas de outros caras, mas nunca havia escrito músicas originais, até que Paul apareceu com as suas. Não que as músicas de Paul valessem grande coisa, nem as de John. Elas eram muito simples e derivadas. Foi o fato de eles se unirem, estimulando-se simultaneamente, que os inspirou a escrever as músicas que iriam tocar. Daí em diante, não pararam mais.

"A partir daí, tomei um rumo inteiramente novo", declara Paul. "Depois que eu conheci John, tudo mudou. Ele era um cara bacana de se conhecer. Apesar de ele ser dois anos mais velho do que eu, e eu ser apenas uma criança, nós pensávamos do mesmo modo."

O que aconteceu, nos meses seguintes, foi que Paul e John começaram a se conhecer melhor. Passavam todo o tempo juntos. Ambos matavam as aulas e iam para a casa de Paul, enquanto seu pai estava fora, trabalhando, comiam ovos fritos e praticavam acordes na guitarra. Paul mostrou a John todos os que conhecia. Os acordes de banjo de John, que Julia lhe ensinara, eram evidentemente inúteis. Como Paul é canhoto, depois de ter mostrado a John como executar os acordes, esse ia para casa fazê-los em frente ao espelho, como Paul havia ensinado e dando a volta, para encontrar seu jeito.

Pete Shotton começou a sentir-se um pouco de fora. "Meus dias com o grupo logo terminaram", diz Pete. "Estávamos tocando numa festa, na Smithdown Lane. Era realmente uma droga, John e eu começamos a rir, rindo como loucos das piadas que contávamos. Então, ele quebrou minha tábua de lavar na minha cabeça. Eu fiquei lá, chorando, com ela a emoldurar meu pescoço. Não devia mais tocar no grupo. Além de não me sentir bem, eu não gostava de ficar em pé, isso me deixava muito embaraçado."

Já fazia muito tempo que Ivan Vaughan deixara o grupo, apesar de continuar amigo de John e de Paul, na escola.

Paul começou a pensar mais na possibilidade de um outro particularmente grande amigo seu vir a juntar-se ao grupo. Havia pegado a mania de Elvis do *skiffle e rock and roll* e, por volta da mesma época, na guitarra, estava saindo-se melhor do que a maioria. Pensou em trazê-lo para ver John. Era mais moço que Paul, mas achou que isso não importava, já que ele era tão bom.

Antes, quando ele fez isso, Ivan Vaughan ficou chateado. Ivan tinha trazido Len Garry, e depois Paul McCartney, do Institute, para conhecer John, achando que era sua prerrogativa trazer outros caras.

Esse novo amigo não era tão mais jovem, e nem fazia questão de fingir ser um intelectual, como Paul fazia. George Harrison, esse era seu nome, era um autêntico e consumado teddy boy. Ivan não entendia por que os Quarrymen estavam interessados nele.

Dos Quarrymen aos Moondogs

No fim de 1959, o nome de Quarrymen havia desaparecido. Paul e George estavam no Institute, não tendo qualquer ligação com a Quarry Bank High School, ao passo que John estava no Art College. Quando deixou de ser os Quarrymen o conjunto teve vários nomes, sucessivamente e inventados na hora. Uma noite ele se chamou The Rainbows (O arco-íris) porque cada um dos membros apresentou-se com camisas de cores diferentes.

Na casa dos McCartney, Jim lutava para manter dois adolescentes na linha. Para grande prazer do pai, Paul ainda estava na escola. Entretanto, passava todo o tempo vago com John e George, às voltas com aquele conjunto, e não lhe sobrava muito tempo para fazer os deveres da escola.

Paul havia conseguido permanecer na 5B, que era considerada a boa turma para inglês e outras línguas, mas não se saiu muito bem nos níveis O. Paul só conseguiu passar em um, Arte.

Começou, então, a pensar em abandonar os estudos, mas não tinha idéia de um trabalho que lhe servisse. Jim queria que ele continuasse estudando. Parecia-lhe mais fácil *não* deixar a escola. Ademais, a escola lhe deixava bastante tempo para tocar. Então, resolveu ficar, e foi mandado para o Remove Form, pois não tinha notas suficientes para passar logo para o Sexto Ano.

"A escola era muito chata, mas tinha um professor de inglês, chamado Dusty Durband, de quem eu gostava, e era o único. Era um cara genial. Gostava de poesia moderna e costumava falar-nos sobre *O Amante de Lady Chaterley*, muito antes de termos ouvido falar nele, e do *Miller's Tale*. Dizia que esses dois livros eram considerados pornográficos, contudo não o eram."

Essa centelha de entusiasmo o manteve no Sexto Ano, apesar de não fazer qualquer dever. Oficialmente, ele estava preparando-se em duas matérias, Inglês e Arte, para o nível A, já que pretendia ir para o Trainning College e tornar-se professor. Todos sabiam que ele era muito capaz para fazer isso. Essa perspectiva tornava Jim feliz.

"Jamais apreciei a música na qual Paul estava interessado", diz Jim. "Nem gostava daquele Bill Haley dele. Não havia melodia naquilo.

"Mas, um dia, cheguei em casa às cinco e meia da tarde e os ouvi tocando. Percebi que estavam ficando bons, e não apenas fazendo hora. Tiravam alguns acordes muito bacanas."

Jim começou a querer ficar com eles, dando conselhos e sugestões, dizendo como *ele* costumava fazer nos bons tempos da Jim Mac's Band. Por que é que eles não tocavam músicas boas de verdade, como *Stairway to Paradise*? Achava este um número adorável. Explicava-lhes como dirigia o seu conjunto e como eles deveriam apresentar seus números.

Eles disseram: "Não, obrigado, muito obrigado, faz um chá pra gente, tá bem, papai?" Ele disse que estava bem. Mas se eles não gostavam de *Stairway to Paradise* por que não tocavam uns números de *jazz*, como *When the Saints*? Ele poderia lhes ensinar um bom método para executá-lo. Eles disseram que não, desta vez com mais firmeza.

Afinal, Jim limitava-se a fazer a comida. Depois da morte de sua mulher, passara a se encarregar da cozinha. Para sua alegria, descobriu que, enquanto Paul e Michael eram luxentos e comiam pouco, e Paul, quando estava ocupado, acabava não comendo nada, John e George eram glutões que comiam qualquer coisa e a qualquer hora. "Eu costumava guardar o que sobrava para eles. No fim eu não mais precisava guardar, mas apenas dizer que havia sobrado alguma coisa e perguntar se eles queriam. Até hoje, tenho de fazer creme para George, quando ele aparece aqui. Costuma dizer-me que é o melhor creme do mundo."

O conjunto ia progredindo, arranjaram uns amplificadores velhíssimos e criavam ritmos melhores do que as repetições suaves do *skiffle*. "E cada ano parecia cinco anos", diz Paul.

Agora eles tocavam, principalmente, em clubes operários ou em igrejas. Tinham abandonado as festinhas. Tocavam em lugares como o Wilson Hall e o Finch Lane Bus Depot.

Cada vez mais aumentavam o número de competições, como todos os grupos principiantes. "Havia uma mulher que tocava com colheres que sempre nos vencia", diz Paul. "E também havia os Sunny Siders. Esse grupo tinha uma grande atração: um anãozinho."

Os membros do conjunto se sucediam, constantemente. Como ninguém os conhecia, podiam aparecer aos compromissos com qualquer cara. "Durante algum tempo, tivemos um cara chamado Duff como pianista, mas o pai dele não o permitia ficar até tarde. Nem bem começava a tocar, logo sumia, e, deixando o número no meio, ia para casa."

Nas apresentações em público, vestiam-se, geralmente, como Teddy Boys Cowboys, com camisas em preto e branco com borlas brancas nos bolsos de cima e gravatas pretas de tiras finas.

Passavam mais tempo na casa de Paul ou na de George que no palco. "A gente costumava ir lá para casa e fumar maconha no cachimbo de papai", conta Paul. "Às vezes, a gente trazia uma garota, ou sentava e tirava retratos. Muitas vezes, a gente ficava tocando guitarra, ou escrevendo música."

No primeiro ano em que estiveram juntos, John e Paul escreveram cerca de cem músicas. Só uma delas foi divulgada mais tarde — *Love Me Do*.

Uma porção delas foi jogada fora, anos depois, por engano de Jane Asher, enquanto limpava os armários de Paul.

A primeira coisa que os dois faziam, quando começavam a compor uma nova música, era escrever *outro original por John Lennon e Paul McCartney*.

Cada vez mais se aperfeiçoavam na guitarra, graças, em parte, à sua observação dos

Paul, Linda e suas filhas, na casa de campo.

grandes astros da televisão. "Assisti aos Shadows acompanhando Cliff Richards, numa noite. Já os ouvira numa introdução muito original do *Move It*, no disco, mas jamais poderia ter adivinhado a maneira como faziam aquilo. Vi-os na televisão. Saí correndo de casa, montei na bicicleta e voei para a casa de John, com minha guitarra. "Descobri", berrei. E, imediatamente, fomos aprendê-la. Com isso adquirimos o hábito de florear a introdução de nossos números. Peguei, também, bons acordes ao ouvir *Blue Moon*.

Como estavam sempre animados em entrar em qualquer competição, por pior que ela fosse, houve grande excitação, quando o maior organizador de competições da época chegou a Liverpool. O anúncio no *Liverpool Echo* dizia que "Mr. Star-Maker, Carrol Lewis chegará brevemente à cidade para fazer parte do seu Carrol Lewis Discoveries TV Show." O *show* deveria ser gravado em Manchester, mas ele faria uma audição local, em Liverpool, no Empire Theatre, para descobrir os talentos liverpoolianos que serviriam para o próprio programa, naquela cidade.

John, Paul e George, bem como a metade da população adolescente de Liverpool, compareceram à audição. Foram aprovados e convidados para fazer o *show* verdadeiro, em Manchester.

A senhora Harrison lembrase da agitação motivada por tal acontecimento. "George estava profundamente emocionado com uma carta que havia chegado. Eu não conseguia perceber o porquê de toda aquela confusão. A carta era endereçada a um grupo chamado The Moondogs."

Os Moondogs eram eles, na ocasião, nome inventado, à última hora, para o Carrol Lewis Show. Figuravam no programa, como Johnny and the Moondogs. Todos os grupos tinham um líder, naqueles dias, como Cliff Richard and the Shadows. Então, aproveitaram e puseram o nome de John, primeiro. Se era preciso ter um líder, este seria ele.

Fizeram seu número em Manchester, sendo bem aplaudidos, ao termiar. O sistema do Carrol Lewis Show consistia em que, no final da apresentação, cada grupo voltava, repetia alguns compassos do número que interpretara, e a platéia aplaudia freneticamente, ou não. Eram as palmas finais que decidiam o vencedor.

Mas Johnny e os Moondogs, sendo rapazes pobres de Liverpool, sem transporte de nenhuma espécie para levá-los de volta para lá, não podiam esperar. O *show* estava demorando muito e já estavam quase perdendo o último trem de volta. Não tinham dinheiro suficiente para passar a noite num hotel de Manchester, e quando chegou a hora dos aplausos finais eles já haviam ido embora.

É claro que não ganharam. Não foram notados nem receberam encorajamento dos caçadores de talentos que andavam por ali.

Para John, Paul e George foi um grande desapontamento. A primeira oportunidade junto aos grandes lançadores de sucessos havia chegado e passado em branca nuvem.

Paul, Stu, a Escócia e os "Silver Beatles"

No Art College, John e Stuart cada vez mais firmavam sua amizade. Stu passava o tempo seguindo o grupo e assistindo a seus ensaios. Ele e John conseguiram convencer o College Committee a lhes comprar um gravador, para uso de todos os alunos. John acabou ficando com ele, para gravar o que o conjunto tocava, e depois ouvir as gravações. Conseguiram, ainda, uma cadeia de alto-falantes, para ser usada nas festas da escola. Acabou como parte do equipamento de amplificação de seu grupo.

Stu ainda se mostrava tão interessado em arte quanto antes, embora passasse o tempo com John e seu grupo. Enviou alguns quadros para a John Moores Eshibition, uma das melhores exposições no gênero, não só no Merseyside mas em toda a Inglaterra. Ela recebeu o nome de John Moores, membro de uma rica família de Liverpool, ligada aos concursos de futebol *Littlewoods* e a uma firma de encomendas pelo correio. Stuart Sutcliffe não passava de um estudante, e ganhou um prêmio de 60 libras. Isso representava uma grande soma e um grande sucesso para uma pessoa tão moça.

John, seu melhor amigo e de maior influência, logo achou a melhor forma de empregar o dinheiro. Stu sempre dizia que gostaria de tocar um instrumento e de, na realidade, fazer parte do conjunto, em vez de ser só espectador. John disse-lhe que essa era a sua oportunidade de entrar para o grupo. Com as sessenta libras ele poderia comprar uma guitarra-baixo. Não importava que ele não soubesse tocar. Eles lhe ensinariam.

Paul e George entusiasmaram-se com a idéia. Precisavam de um outro membro para o conjunto e, justamente, de um tocador de baixo. George recorda-se de que ofereceram essa oportunidade a Stu. Ele poderia comprar um baixo ou uma bateria. Precisavam de ambas, pois eram três figurantes nas guitarras, sem nenhum acompanhamento.

"Stu não tinha a mínima idéia de como tocar", diz George. "Nós todos lhe ensinamos o que sabíamos, e, na realidade, ele foi aprendendo, e tocava conosco."

Naqueles primeiros dias, como se pode ver pelas fotografias, Stu geralmente ficava de costas para a platéia, de forma que ninguém observasse o quão pouco ele tocava.

Os compromissos sucediam-se, embora ganhando uns poucos *shillings*, para tocar nas festas de trabalhadores. À medida que a mania dos conjuntos tomava conta de Liverpool, começaram a aparecer pequenos clubes para adolescentes. Eram Coffee Bars, servindo café-expresso em meio a uma decoração de plantas artificiais e bambu. Os clubes de Liverpool, ocasionalmente, organizavam shows ao vivo para seus freqüentadores, o que deu oportunidade ao aparecimento de centenas de conjuntos.

Esses só não conseguiram penetrar nos clubes tradicionais, como o *Cavern*, porque eles já tinham seus conjuntos. Estes eram clubes para conjuntos de *jazz* e seus fãs. O *jazz* era considerado uma forma de arte muito mais elevada, e atraía uma classe mais selecionada de seguidores. Os grupos de rock eram muito amadoristas e desorganizados, com aparência de teddy boys. Era uma forma de arte da classe operária, cheia de eletricistas e operários braçais. Havia uma tendência para se menosprezar esse tipo de conjunto e os que nele figuravam.

"Sempre fomos contra o *jazz*", diz John. "Acho que isso é uma merda de música, e até mais estúpida do que o *rock and roll*, admirada por estudantezinhos bem vestidinhos. O *jazz* nunca chega a parte alguma, nunca faz nada, é sempre a mesma coisa, e tudo que seus músicos fazem é beber litros de cerveja. Nós o odiávamos porque, no começo, não nos deixavam tocar naquela espécie de clube. Nunca conseguíamos boas platéias por causa dos *jazz bands.*"

Os conjuntos agora estavam se enchendo de fios, com guitarras elétricas e amplificadores, o que nunca havia acontecido com os grupos de *skiffle.* Havia outros tipos de cantores de rock que surgiram na onda de Elvis, como Little Richard e Jerry Lee Lewis, que fizeram aparecer muitos imitadores ingleses.

Mas ainda era em Londres que acontecia tudo na Inglaterra. O primeiro cantor inglês de *rock and roll,* que teve algum sucesso nacional no estilo dos cantores americanos, foi um *cockney* que apareceu graças aos *coffee bars* de Londres — Tommy Steele. Outro foi Cliff Richard, que se modelou inteiramente em Elvis Presley. Ele se tornou muito mais querido dos adolescentes do que Tommy Steele.

John, George e Paul pareciam não ter tomado conhecimento de Tommy Steele, pelo menos não se lembram de ter sido causada qualquer impressão. Mas odiavam efetivamente Cliff Richard and the Shadows.

John diz que era por causa da aparência católica de Cliff, que os ofendia. Também detestavam as tradicionais *pop-ballads* que Cliff Richard passou a cantar, nas mesma águas de Perry Como e Frankie Vaughan.

Paul, sendo quem provocava todos os acontecimentos, estava preparado para não levar em conta seus gostos e desgostos e conversar com alguém que os pudesse ajudar. E arduamente tentava conseguir alguma publicidade nos jornais locais.

Por essa época, escreveu uma carta a um jornalista chamado Mr. Low, que encontrara num bar.

Prezado Mr. Low:

Lamento ter demorado muito a lhe escrever, mas espero que não seja tarde demais. Aqui estão alguns dados sobre o nosso grupo.

Ele é constituído por quatro rapazes: Paul McCartney (guitarra), John Lennon (guitarra), Stuart Sutcliffe (baixo) e George Harrison (guitarra) e é chamado...

Essa formação pode parecer obtusa, mas deve ser notado o fato de esses rapazes terem uma habilidade instrumental acima do normal, e que eles obtêm efeitos surpreendentemente variados. Seu ritmo-base é *off-beat*, e este, ultimamente, está sendo acompanhado por um leve *on-beat*; de forma que o ritmo, no fundo, lembra o quatro por compasso do *jazz* tradicional. Isso pode ser entendido como uma influência de Mr. McCartney, que liderou um dos melhores *jazz bands* locais (Jim Mac's Jazz Band) na década de vinte.

A música moderna, contudo, é o forte deste conjunto, e, como prova disso, John e Paul já escreveram mais de cinqüenta músicas, baladas e números mais rápidos, durante os últimos três anos. Algumas dessas músicas são puramente instrumentais (tais como *Looking Glass, Castwalk* e *Winston's Walk*) e outras foram compostas com o pensamento nas platéias modernas (músicas como *Thinking of Linking, The One After 909, Years Roll Along* e *Keep Looking That Way*).

O conjunto ainda encontra grande prazer fazendo novos arranjos para as velhas melodias favoritas (*Ain't She Sweet, You Were Meant for Me, Home, Moonglow, You Are My Sunshine* e outras).

Agora, alguns pormenores sobre os membros do conjunto. John, que o lidera, está no Art College e, além de ser um excelente guitarrista e tocador de banjo, também é um caricaturista de primeiro time. em suas preferências inclui pintura, teatro, poesia e, naturalmente, canto. Tem 19 anos de idade e é membro-fundador do conjunto.

Paul tem 18 anos e está estudando Literatura Inglesa na Universidade de Liverpool. Como os outros rapazes, toca mais de um instrumento — suas especialidades são piano e bateria, e, naturalmente..."

O resto da carta de Paul, uma colorida mistura de fatos e ficção, infelizmente foi extraviado. Na realidade não tinha dezoito anos nem estava na Universidade de Liverpool. E como ele indicou com as reticências, o grupo nem tinha um nome certo. Mais tarde, em 1959, começaram a pensar seriamente em arranjar um nome, como já tinham feito para a audição de Carroll Lewis, pois parecia que eles iam ter outra audição importante.

Foi aí que surgiu, pela primeira vez, a idéia de eles se chamarem Beatles. Nenhum deles tem certeza de como isso aconteceu. Paul e George apenas se recordam de que foi John quem apareceu um dia com esse nome.

Sempre foram fãs de Buddy Holly e os Crickets. Gostavam de sua música e de seu nome. Tinha um duplo significado. Um deles, puramente inglês, e que os americanos não poderiam apreciar. Pensaram, primeiramente, em se chamar Crickets.

Cogitando o nome de Crickets (do qual grilo é um sinônimo), John começou a imaginar o nome de outros insetos que tivesse duplo sentido ou servissem a trocadilhos. Quando criança, ele gostava de encher os cadernos com essa espécie de brincadeira. "A idéia de *beetles* (besouros) me pareceu boa. Decidi escrever "Beatles", para fazê-lo parecer com *beat music*, apenas como piada."

Esta foi a origem real e simples do nome do conjunto, apesar de, anos depois, terem apresentado uma série de razões malucas, a cada vez que alguém lhes perguntava. Geralmente, eles diziam que uma vez aparecera um homem num tapete mágico e que, chegando à janela, lhes dissera para usar este nome.

Apesar de haverem escolhido um nome do qual gostavam, por muito tempo não foram chamados de *Beatles*.

Encontraram um amigo que pertencia a outro conjunto, Casy Jones, do Cass e os Casanovas, que lhes perguntou o nome do conjunto. Eles disseram: Beatles. Cass disse que esse não prestava; eles tinham de arranjar um nome comprido, como o do seu conjunto. Por que eles não se chamavam *Long John and the Silver Beatles? Beatles*, apenas, disse Cass, era um nome muito curto e muito simples.

Eles também não acharam que fosse uma idéia muito boa. Quando chegou a tal audição importante e lhes perguntaram o nome do conjunto, disseram *Silver Beatles*, usando-o pelo resto daquele ano de 1959.

O ouvinte importante não era outro senão o famoso Larry Parnes, então o rei do *rock and roll* inglês, que tinha Tommy Steele, Billy Fury, Marty Wilde, Dulffy Power e Johnny Gentle em seu plantel.

Souberam da vinda de Larry Parnes a Liverpool enquanto estavam no Jackaranda, um clube onde muitos grupos de *beat* costumavam tocar. Este clube pertencia a um irlandês liverpooliano chamado All Williams, que também era proprietário do Blue Angel, onde seria realizada a audição para Larry Parnes.

Chegaram para essa audição sem um nome definido, e só quando um dos assistentes de Parnes perguntou como o conjunto se chamava é que eles se apresentaram como *Silver Beatles.* Também haviam chegado sem um baterista. O que tocava com eles naquela época prometera aparecer, mas nem dera as caras. Mais uma vez estavam sem baterista.

Um baterista que se encontrava no Blue Angel, para a audição de um outro grupo, fez o favor de tocar com eles naquela apresentação. Era Johnny Hutch, considerado um dos três melhores bateristas de Liverpool, naquela época. Existe uma fotografia dos Silver Beatles tirada naquela audição. Johnny Hutch está sentado lá atrás, parecendo muito chateado e superior. Como sempre, não se pode ver Stu muito bem. Ele está de costas para Larry Parnes, fazendo força para esconder seus dedos no baixo.

A finalidade da audição era procurar um grupo para fazer o acompanhamento de Billy Fury. Larry Parnes não achou os grupos muito bons, mas ofereceu aos Silver Beatles uma turnê de duas semanas pela Escócia, como o grupo de acompanhamento para a sua mais recente descoberta reconhecida, Johnny Gentle. De forma nenhuma era uma turnê dos Beatles. Fariam apenas o pano de fundo para as apresentações do cantor. Contudo, seria seu primeiro compromisso característico como profissionais, e uma turnê de verdade, por mais curta e da categoria que fosse.

George, que tinha quase dezesseis anos, tirou duas semanas de férias para poder ir. Paul estava em véspera de exames, mas não tinha a mínima intenção de perder a oportunidade de realizar uma turnê, por um motivo tão banal como fazer exames. Ivan Vaughan, seu amigo do Institute, lembra-se de ter discutido com ele e ter dito que era besteira viajar e não estudar para as provas.

Paul deu um jeito de convencer seu pai, dizendo que lhe haviam dado duas semanas de férias na escola. Disse que voltaria a tempo para fazer os exames e que a turnê seria uma boa forma de higiene mental. Não é de admirar que ele só tenha passado numa matéria.

Contudo, ainda tinham de arranjar um baterista para a sua viagem à Escócia. Finalmente, arranjaram um cara chamado Thomas Moore. Eles não conseguem lembrar de nada a respeito desse cara, a não ser que foram buscá-lo em seu apartamento, e que ele estava vivendo com o salário-desemprego. Thomas Moore parecia ser o seu nome verdadeiro.

Os Silver Beatles, em sua primeira animação de profissionais, já queriam mudar os próprios nomes. Essa era a moda.

"Era muito bacana mudar de nome", diz Paul. "Faria tudo parecer real e profissional. Ter um nome de palco significava que o cara era artista."

Paul acabou se tornando Paul Ramon. Ele não consegue lembrar-se onde foi buscar o Ramon. "Devo tê-lo ouvido em algum lugar. Achei que tinha um som realmente encantador, na base do Rodolfo Valentino."

George tornou-se Carl Harrison, segundo um de seus heróis, Carl Perkins. Stu tornou-se Stu de Stael, segundo o pintor. John não consegue lembrar-se como ficou seu nome, se é que ficou. Os outros recordam-se dele como *Johnny Silver*.

A turnê da Escócia foi bem ao norte, pelos pequenos salões de festa da costa noroeste. Paul lembra-se do Inverness e Nairn, mais nenhum outro nome. Ele mandou cartões-postais para seu pai, dizendo: "É genial. Pediram meu autógrafo".

Depois da Escócia nada mais apareceu. Larry Parnes não lhes ofereceu mais trabalho. Agora, ele admite que perdeu uma grande oportunidade, mas, naquela época, ele tinha muitas estrelas solistas para poder se interessar por grupos. Os Beatles voltaram às festas cheias de *teds* bêbados, operários nas noites de folga, ou clubes inconsistentes.

Conseguiram alguns compromissos, não muito depois da turnê pela Escócia, numa boate de *strip-teases* na Upper Parliament Street. Tinham que acompanhar Janice enquanto ela tirava a roupa. "Ela nos entregou a música que desejava", diz George. "Era alguma coisa como a *Gipsy Fire Dance*. Como não sabíamos ler música, isso não nos adiantou em nada. Apenas tocávamos *Ramrod* e depois *Moonglow*, que eu havia acabado de aprender."

Conseguiram umas duas apresentações no *Cavern Club*, na Matthew Street, por volta da mesma época, apesar de ele continuar sendo uma das fortalezas do *jazz* em Liverpool. Costumavam receber bilhetinhos dizendo-lhes que não tocassem *rock and roll*; então apresentavam seus números como se fossem genuínos números de *jazz*. "E agora uma velha favorita, de autoria de Fats Duke Ellington Leadbelly, chamada *Long Tall Sally*". E atacavam esse número de rock. É claro que a direção do estabelecimento não gostava muito desse negócio. Isso não lhes ajudou a conseguir mais apresentações no *Cavern*.

Gastavam a maior parte do tempo fazendo hora na casa dos outros ou, quando tinham algum dinheiro, nos clubes. "A Escócia havia sido uma tênue esperança, nosso primeiro vislumbre do *show business*", diz Paul. "Voltar a Liverpool foi como se descêssemos um pouco. Tínhamos sorte quando conseguíamos mais de dois compromissos por semana. Tudo que estávamos ganhando eram quinze *shillings* por noite e mais quantos ovos, torradas e coca-colas conseguíssemos engolir."

"Estamos Aprendendo A Ser"

Paul é o único Beatle que mora em Londres. Mora numa grande casa de três andares em St. John Wood, perto do campo do *cricket Lord's* e muito perto dos estúdios da EMI. Comprou esta casa no fim de 1966, por quarenta mil libras. Ele pouco sai, em comparação a John ou Ringo. Não gastou nada com o jardim. Por isso, transformou-se num matagal alto e só habitado por Martha, a sua cadela de estimação. Quando ele se mudou, o jardim era bem bonito e tratado. Todos insistem com ele para fazer alguma coisa lá, especialmente seu pai. Mas ele parece gostar daquele aspecto selvagem, coisa que aborrece a tanta gente. Pelos fins de 1967, ele decidiu mandar aparar o mato. Então, teve a idéia de construir uma casa mágica nele, uma espécie de pagode numa plataforma elevada e com um telhado de vidro abrindo para o céu.

A frente da casa tem uma área pavimentada e um poste antigo. À esquerda, ligada à casa, está uma garagem dupla na qual ele guarda seus dois carros, o Mini Cooper e o Aston Martin. É cercada por um alto muro de tijolos e dois grandes portões negros que são controlados de dentro de casa. Fala-se num microfone, alguém lá de dentro responde. Se a pessoa do lado de fora falou a verdade, os portões se abrem e tornam a fechar, para que os fãs não os transponham.

Em todas as casas em que os Beatles moram, há sempre fãs esperando-os do lado de fora. A de Paul tem mais do que as dos outros, por ser em Londres. Parecem manter uma vigília permanente, ficando sentados e em fila, sobre o muro da casa da frente. De lá eles podem espiar por cima do muro, e se movimentar em direção aos portões de Paul. Entrando-se naquela rua, sabe-se logo qual é a casa de Paul. Basta olhar para as filas de meninas penduradas em seu muro, com os pés fora do chão, tentando ver o que se passa lá dentro.

O porão da casa contém as acomodações dos criados. Durante muito tempo abrigou um casal, Mr. e Mrs. Kelly, que moravam ali. Ela fazia o trabalho da casa e seu marido era uma espécie de mordomo. Depois deles, sucederam-se diversos empregados. Parece que eles chegam por acaso e Paul vai ficando com eles, não ligando se são imprestáveis ou não. Bem que ele poderia ter uma secretária, para organizar sua casa e anotar suas visitas, mas diz que jamais fará isso. É freqüente não ter ninguém morando lá. Quando ele vai para fora, seu pai se muda para lá, para cuidar da casa e de Martha. Paul nem se preocupa com isso. Ele não se importa que o procurem em casa. Mas em vez de ficar lá, ele foi para a África ou para os Estados Unidos. Ele adora a companhia de uma mulher de aparência maternal que lhe sirva um desjejum frito à uma da tarde, ou durante o dia, segundo o seu desejo. Jane não trabalha na cozinha. Mas cozinha muito bem.

A cozinha fica no térreo. É bem espaçosa e equipada. Tem uma soberba sala de jantar, que parece novinha. O *living* dos fundos é o cômodo mais usado da casa, sendo o preferido pelos Beatles. É um cômodo muito grande e confortável, com janelas francesas abrindo para o jardim. Nele há uma grande mesa de madeira onde são servidas as refeições, em vez de o serem na sala de jantar. Ela geralmente fica coberta com uma toalha de renda branca, como é costume nas casas de operários. Esse cômodo geralmente está numa desarrumação completa, com coisas empilhadas em todos os lados, enfeites, lanternas, pacotes, jornais, etc. É aí que os Beatles, Mal e Neil se reúnem antes das gravações, sempre que estão em Londres. "Todos os lugares em que vivo acabam desse jeito. Em Forthlin foi assim também. As coisas agora podem parecer um pouco diferentes, como aquela grande televisão em cores, mas o ambiente é sempre o mesmo."

No primeiro andar está o seu quarto, bem espaçoso, em forma de L e com uma cama extravagante com uma grande cabeceira esculpida. Há ainda mais dois quartos. No último andar está sua sala de trabalho, onde ele e John operam em conjunto, quando precisam de mais algumas músicas para completar um disco. É ali que está a escultura de Paolozzi. Uma peça muito interessante. Paolozzi era o herói e professor de Stu Sutcliffe.

A famosa Martha (se você não acha que ela seja famosa basta dar uma olhada no *Beatles Monthly*) é uma velha cadela pastora inglesa, grande, cabeluda e de boa índole, que a conserva, mesmo quando está com pulgas. A porta de sua casinha dá para o jardim, onde ela faz suas rondas. Paul procura levá-la para um passeio sempre que pode. Geralmente ele vai para Primrose Hill ou ao Regents Park. Uma vez ele foi a Hampstead Heath com ela. Martha teve um desmaio e ele nunca mais voltou a levá-la àquele lugar. em sua casa também há vários gatos, um chamado Thisby, e gatinhos, que parecem variar de número diariamente. Todos os Beatles têm gatos, e seus nascimentos são fielmente relatados no *Beatles Monthly*.

Paul consegue dar seus passeios com Martha, e, surpreendentemente, os faz sem ser reconhecido. Os fãs nunca sabem onde ele vai, pois sai muito apressado. Em passeio, geralmente levanta a gola do casaco e anda pelas partes mais isoladas, seguido por Martha. Encontra velhos apreciadores dos cães, que parecem mais interessados na grande Martha do que no próprio Paul.

Ele costuma perguntar as horas às pessoas e estabelece aquela educada conversa sobre cães. Nessas ocasiões chega até a gritar para as pessoas que conhece vagamente. Isso é coisa que os outros Beatles não fariam, por não serem tão sociáveis quanto Paul. Um dia ele se achava em Primrose Hill quando viu um ator que conhecia ligeiramente. Chamou-o, mas o ator continuou andando, como se dissesse *não precisa gritar, meu chapa.* Era um ator da grã-finagem inglesa. Quando reconheceu Paul, deu-lhe um alô. Paul fora-lhe apresentado por intermédio de Jane. Ele estava representando a mesma peça com ela e convidou-os para jantar em sua casa.

Paul perguntou-lhe o que estava fazendo ali. O cara disse-lhe esquivamente que tinha a possibilidade de ir trabalhar em Nova York, — "Muito bem", respondeu Paul, "Em que peça?"

"Não posso", disse o ator, ficando ainda mais reservado. "Desculpe. Mas tenho por hábito não revelar. Quando tenho alguma coisa em perspectiva, evito falar sobre ela para não estragá-la, não é mesmo? Você não acha?" Paul sorriu e concordou. "Bom, então até", despediu-se o ator. E foi embora, balançando os braços, olhando para cima e respirando pesadamente naquele dia lindo. Dava a impressão de ainda estar lendo as marcações para o palco.

"Estranho, não é?", falou Paul, ao voltar para o carro. "Como os caras como esse não conseguem descontrair-se. É impossível ser natural. No entanto, basta tomar alguns drinques para se transformar num cara legal. No fim daquele jantar para o qual ele nos convidou, já parecia quase natural. Sinceramente, tenho pena de pessoas assim. Enfim, este é o modo de vida que gostam de levar."

"Quando eu tinha dezesseis anos, e era um adolescente desajeitado e tímido, sonhava ardentemente em ser um ator como aquele, todo suave e controlado, sempre anelando as pompas. Hoje, reconheço que valeu a pena modificar-me e ser natural. Jane também conserva um pouco desse problema, causado pelo seu passado. Não o consegue evitar. Foi assim que eles foram educados."

Jane e Paul formam um casal muito adorável e adorado. Todos são concordes com isso. Desde o início, Jim afirmou que nada o faria tão feliz quanto o casamento deles.

Jane Asher descende de uma família londrina de profissão liberal. Seu pai é médico. Sua mãe, uma professora de música que ensinou George Martin a tocar oboé. Jane começou a representar, nos filmes e no palco, quando criança. Conheceu Paul em maio de 1963, num concerto de música popular no Albert Hall. Nessa época, ela contava dezessete anos e se apresentava num programa de discos populares na televisão, chamado Juke Box Jury. A *Rádio Times* pediu-lhe que fosse àquele concerto juntamente com um repórter e fizesse seus comentários, como adolescente, sobre os conjuntos que estavam se apresentando. Ela disse que o único pelo qual valia a pena gritar eram os Beatles. Dentre eles, quem mais a agradou, devido a sua aparência, foi George.

Contudo, Paul, descobridor de gente famosa, foi quem a reconheceu e gritou por ela, fazendo com que os outros corressem e a cercassem puxando assunto. "Todos nós lhe pedimos que se casasse conosco", continua Paul, "pois era o que pedíamos a todas as garotas naquela época". Eles a convidaram para ir ao hotel deles, o Royal Court, tomar alguma coisa. "Uma extravagância londrina, da qual costumávamos ouvir falar."

Depois de muitas piscadelas, os outros deixaram Paul e Jane a sós no quarto dele. Os dois passaram a noite conversando sobre molhos e seus pratos prediletos. "Logo percebi que ela era a garota para mim. Eu não tentei agarrá-la. Apenas disse-lhe: `Parece que você é uma menina boazinha'."

"Eles não podiam acreditar que eu fosse virgem", conta Jane.

Ambos saíram juntos muitas vezes nas semanas seguintes. Passeavam juntos pelo Soho. Em meados de 1963, ninguém ainda reconhecia Paul, apesar de muitos conhecerem Jane. Quando ele voltou de umas curtas férias em Roma, Jane e sua mãe foram esperá-lo no Aeroporto de Londres. Paul perdeu o avião para Liverpool e a mãe de Jane convidou-o para passar a noite em sua casa. Ele não queria ir, pois não gostava da idéia de se hospedar com a família de uma garota. É uma coisa que os rapazes de classe operária não costumam fazer. Afinal, acabou aceitando, só para passar a noite. Essa noite acabou se estendendo a três, depois por três semanas e depois por três anos. Sem que os fãs soubessem, Paul, quando estava em Londres, hospedava-se na casa de Jane, até os fins de 1966, quando comprou sua própria casa em St. John's Wood.

Uma noite com eles não difere de outra passada na companhia de qualquer jovem casal. Jane fez o jantar. Nessa época, como John e George, Paul era também vegetariano. O primeiro prato foi abacate ao vinagrete, seguido de uma panela de legumes, nozes e temperos.

Beberam meia garrafa de vinho branco, que havia sido aberta para o preparo da refeição. Eles a esvaziaram.

Durante toda a refeição os fãs de Paul ficaram tocando a campainha. Nessa ocasião eles estavam sem empregados. Cada vez que Jane atendia a campainha, ao responder através do telefone interno, mostrava-se muito educada. Ela se levantava a todo instante, sem se mostrar zangada, e perguntava se eles não se incomodavam de esperar, pois ainda estavam jantando. Paul, a esta altura, depois de dúzias de fãs terem tocado a campainha, não se teria incomodado. Ele já teria parado de atender, como o fizera quando Brian Epstein chegou ali e não conseguira entrar, tendo de procurar um telefone público, a fim de comunicar sua chegada. Jane, por fim, acabou fazendo Paul sair, mesmo antes de terminar o jantar. Ele deu um sorriso amarelo, mas saiu e foi assinar autógrafos para todas as garotas que o esperavam.

Depois do jantar, foram ver algumas fotografias tiradas durante as férias que eles acabavam de passar na Escócia. Paul tem sua casa numa parte antiga de Argyllshire, onde eles normalmente passam pelo menos duas semanas por ano. Depois eles viram um pouco de televisão em cores e foram para a cama.

Talvez essa fosse mais tranqüila do que uma tarde normal. Freqüentemente há alguns amigos aparecendo na casa de Paul. Geralmente, gostam de ir muito lá, e ele mesmo convida. Isso era freqüente nos cinco meses de 1967 em que Jane esteve representando nos Estados Unidos. Raramente acontece com os outros, por morarem tão longe.

Durante a gravação de um novo LP as pessoas ficam indo e vindo o tempo todo. Paul agora dirige (mesmo antes da morte de Brian), a organização de muitos dos negócios do conjunto, e muitas coisas feitas em sua casa.

Peter Blake, o artista, veio à casa de Paul durante as discussões sobre a capa do *Sgt. Pepper*. John geralmente também estava lá, o mesmo acontecendo com Terry Doran. Uma vez, pouco depois de Peter Blake sair, o empregado de Paul, o que lá trabalhava naquela época, veio ao *living* para anunciar que um pastor estava no portão da frente. Todos riram.

Alguém disse que aquilo deveria ser piada. Paul olhou para John. John não queria ver nenhum pastor. Paul disse a seu empregado que se livrasse dele. Terry falou que o cara talvez fosse um ator de televisão, disfarçado. Todos riram. Paul pediu a Terry que fosse lá e dissesse que ele não estava. Quando Terry já estava no meio do *living* Paul resolveu o contrário. "Vamos deixá-lo entrar, não? Se ele parecer cem por cento, talvez seja até interessante". Terry voltou do portão da frente dizendo que ele parecia autêntico. Então os portões controlados eletronicamente foram abertos, permitindo a entrada do pastor.

O homem, de meia-idade e bem escovado, entrou muito nervoso. Todos lhe sorriram polidamente. Paul convidou-o a sentar-se. Ele pediu desculpas por vir vê-los quando sabia que deveriam estar ocupados, terrivelmente ocupados, ele bem o sabia. O pastor já estava dando as desculpas para eles. Ficara muito surpreso em terem-lhe permitido a entrada. Sabia que tinha de ser breve, tendo de ir direto à questão. Paul perguntou-lhe o que desejava.

O pastor virou-se para Paul, tendo percebido que ele deveria ser o senhor McCartney. Ele ficara olhando em torno, incapaz de reconhecer qualquer um deles. Mantendo suas mãos juntas, disse que sua paróquia realizaria uma quermesse e ele gostaria de contar com a presença de Paul, mesmo por alguns segundos. Naturalmente ele sabia o quanto eles estavam ocupados.

Era maravilhoso, tudo o que haviam feito. Eles deviam ser umas pessoas muito ocupadas, ele sabia disso.

"Eu nunca faço essas coisas", respondeu Paul.

"Natural, naturalmente", continuou o pastor apressadamente, "Eu não poderia esperar receber esse favor. Você está tão ocupado. Eu sabia. Tão ocupado..."

"Não, não estamos", respondeu Paul. "Não é nada disso. Acho apenas que isso não seria correto, pois eu não tenho fé, sabe?" Paul estava sorrindo. O pastor sorriu-lhe, por sua vez, sem ouvir nada, apenas balançando a cabeça para concordar com tudo que ele dizia.

"Por que é que você não melhora seu produto?" perguntou Paul ainda sorrindo bondosamente, "em vez de estar arranjando truques como nós?"

"Oh, você tem toda a razão, toda a razão! Estamos tentando. Estamos tentando unirnos. Na semana que vem, teremos um ofício de aproximação de seitas."

"Isso será ótimo", continuou Paul, "para começar. E se continuarmos assim, ficaremos aqui o resto da noite, não acha?"

"Você tem toda a razão", prosseguiu o pastor. "E você está tão ocupado. Eu não poderia esperar que você comparecesse, você está sempre muito ocupado..."

Paul não se preocupou em explicar-lhe tudo novamente, dando uma desculpa qualquer. O pastor começou a se levantar, sorrindo, e a mesma coisa fizeram as outras pessoas que estavam ali. Ele cumprimentou a todos, sorrindo e agradecendo-lhes por seu tempo. Olhou para todos, tentando identificar cada um. Paul acompanhou-o até à porta. Ao deixar o aposento, ele ainda se virou e disse para todos: "Penso que vocês devem ser mundialmente famosos". Então partiu.

Depois que foi embora, todos concordaram que ele era muito simpático. John, particularmente, ficou satisfeito com o fato de não ter sido reconhecido. Achava engraçado como as pessoas sempre se aborrecem, quando não o reconhecem à primeira vista, pensando que ele ficasse chateado, não percebendo que acontecia justamente o oposto.

Deviam ser cinco horas. Mrs. Mills, a empregada de Paul nessa ocasião, serviu o lanche: ovos fritos, bacon e pudim preto. Ela trouxe uma grande pilha de pão, já cortado e com manteiga, e litros de chá. George e Ringo, e depois Neil e Mal chegaram, e cada um tomou uma xícara de chá. Então eles foram para o estúdio.

Fora os Beatles, ou pessoas de alguma forma relacionadas com o disco que estão gravando, Paul freqüentemente tem um de seus parentes de Liverpool hospedado em sua casa. Seu pai e a madrasta Angie, com sua filha Ruth, além de seus tios e tias freqüentemente passam uma semana em sua casa. Dos Beatles, Paul é quem mais vai a Liverpool. John nem vai lá, especialmente depois que sua tia Mimi se mudou para Bounemouth. George vai com freqüênca a Warrington, a fim de visitar seus parentes. Ringo costuma fazer o mesmo. Paul passa lá seus fins de semana, ou sempre que tem vontade, se Jane está fora e não há nenhum trabalho para ser feito. Jane também vai muito a Liverpool com ele.

Michael McCartney, irmão de Paul, talvez seja seu visitante mais constante que vem de Liverpool. Principalmente depois que seus discos começaram a fazer sucesso em Londres.

O telefone nunca pára de tocar. São dois telefones, com seus números fora do catálogo. Apesar de seus números constantemente serem trocados, os fãs sempre dão um jeito de descobri-los. O próprio Paul atende o telefone, com uma voz engraçada. É fácil descobrir um fã por causa do silêncio amedrontado, e, nesse caso, ele desliga sem dizer nada.

"Oh, yeh, hi", fala no fone ainda conservando sua voz estranha, mas admitindo ser ele quem estava no aparelho. Era um *disc jockey* bem conhecido, convidando-o a aparecer para um passeio a cavalo, no domingo. "É, pode ser que eu vá", respondeu Paul educadamente, mas sem prometer nada. Ele fazia caretas no telefone, enquanto os circunstantes davam mostras de não gostar da idéia daquele passeio. "Yeh, genial, yeh. Então tá. Te vejo. Tchau."

O telefone tocou novamente. Desta vez era seu pai, perguntando-lhe sobre sua ida a Liverpool naquele fim de semana. "A que horas você acha que chega, meu filho?," perguntou-lhe Jim. "Para que eu possa ficar pronto."

"Pronto para quê?", pergunta Paul.

"Oh, você sabe, aprontar as coisas."

"Não seja bobo, velho. Não quero que você fique pronto para coisa alguma. Quando eu chegar, cheguei."

*

* *

Astrid, na Alemanha, a princípio sempre desconfiara do charme de Paul, apesar de as relações dele com Stu não terem sido sempre tão amistosas. "Eu chegava a ficar assustada com o fato de alguém ser tão simpático. Mas não passava de uma tolice. É bobagem tomar cuidado com as pessoas simpáticas."

A grande simpatia de Paul parece vir de seu pai. Michael também é assim. Aos dezessete anos, enquanto muitos estão revoltados contra seus pais, Paul era o único que ouvia seu pai e suas pequenas homilias. Os outros o gozavam por fazer isso.

Aparentemente, todos acham que é muito fácil travar-se conhecimento com Paul. Sente-se que ele está consciente da impressão que está causando. Isso não acontece com os outros. John, por exemplo, não se importa com o que as pessoas possam pensar. Ringo é muito adulto para pensar nessas coisas e George não o é de forma alguma. É superior a isso.

O próprio Paul acabou acalmando-se, depois de procurar ser menos simpático ou menos animado. "Para mim, há mais trabalho deixar de esforçar-me. Mais falso ainda será deixar de tentar isso. Por esse motivo posso muito bem fazer um esforço."

O fato de Paul ser um rapaz esforçado, sendo educado e trabalhador, foi essencial para o conjunto. E Brian Epstein realçou esse seu talento. Mesmo antes de tê-lo notado, era Paul quem fazia as explicações e os comentários, escrevendo cartas e fazendo pequenos discursos.

Esse esforço de Paul lhes foi especialmente vital depois da morte de Brian Epstein. Hoje, é ele quem mais cuida dos interesses do conjunto. Por isso, é o líder, e não John, apesar de, com sinceridade, se se for falar em liderança entre os Beatles, tal palavra não terá sentido. Paul é o homem de negócios. É o propulsor. Faz com que tudo funcione, arrastando os outros consigo. Mas, deve-se reconhecer que nenhuma grande decisão jamais é tomada sem que todos estejam de acordo.

Uma vez resolvida qualquer decisão, Paul logo entra em ação, começa a se movimentar e não tolera ineficiência. Surgiu um problema entre eles, por ocasião das provas da capa do *Sgt. Pepper*.

Ele não recebera uma prova, quando deveria tê-la recebido. Então, telefonou para a EMI, ligando para cada um dos departamentos, até descobrir o culpado de tudo. E falou francamente o que pensava deles. A prova da capa foi-lhe imediatamente levada de carro, e acompanhada de mil desculpas.

Em outra ocasião, durante uma discussão com a EMI, Paul

telefonou para o próprio patrão, Sir Joseph Lockwood. Sir Joseph pediu-lhe que esperasse um pouco. Tomou seu Rolls Royce e foi pessoalmente à casa de Paul, a fim de resolver o assunto. Ele diz que Paul, com a inteligência que tem, teria dado um bom advogado.

Paul é vivo, e na realidade quer que tudo ande direito. Guarda um pequeno ressentimento, que em determinada época todos tiveram, motivado pelo fato de terem sido deixados de lado e considerados estúpidos, por não passarem de simples tocadores de música popular. Odeia qualquer insinuação de que seja bronco. Uma vez, voltou furioso de uma reunião com o pessoal da Nems, onde estivera tentando convencer de como seria genial a idéia da fundação da Apple. Voltou furioso com a atitude de todos. "Eles pensam que nós somos tapados", ficava repetindo enquanto dava voltas e mais voltas em torno do seu *living*.

Foi Paul que idealizou e deu impulso à Apple. Entrou em funcionamento, antes da morte de Brian, mas, mesmo assim, foi Paul quem a criou. John e os demais concordam com tudo, estando presentes a todas as grandes reuniões. Paul a administra como uma enorme companhia, com lojas, boates, estúdios e com as melhores pessoas no ramo, como fotógrafos, técnicos, artistas, escritores e compositores.

"Queremos torná-la um ambiente acolhedor. Um abrigo sob o qual as pessoas possam fazer o que desejam. Há milhares e milhares de libras passando pela Nems e não são devidamente aproveitadas. E tudo investiram para nós na Bingley Building Society ou em qualquer outro lugar.

"Na verdade, tudo não passa de um *hobby*, como a nossa música. Fizemos aquilo de pernas para o ar. Quando fizermos a *Apple* funcionar de fato, estaremos fazendo isso com os pés para cima. Então, teremos reuniões de negócios que sejam animadoras em vez de serem depressivas."

O *Magical Mystery Tour* jamais teria sido realizado sem o concurso de Paul. Durante quinze semanas, ele se entregou de corpo e alma, dirigindo todos os estágios. Por isso, a princípio, o filme deu-lhe um desapontamento, depois de tantas críticas. "Nós reconhecíamos que estávamos apenas praticando. Sabíamos que não estávamos trabalhando com a devida perfeição, mas, depois de levar tanto tempo fazendo alguma coisa, e, mesmo ela não sendo suficientemente boa, a gente começa a ter esperança de que ela talvez seja melhor do que a gente possa imaginar."

"Hoje fico contente com sua pouca aceitação. Compreendo que seria um mal para nós, passar impune com aquilo que apresentamos. E que tudo nos sirva de estímulo ou desafio para a gene fazer alguma coisa devidamente."

Após o lançamento do *Magical Mystery Tour*, Paul passou a pensar diretamente na motivação para um filme de longa metragem. Ele e Jane foram ver *A Man For All Seasons*, e sentiram-se inspirados a fazer alguma coisa de grandioso, num cenário luxuriante. Por que eles pensavam em ficar brincando por ali? Então Paul imaginou fazer algo com realismo, tal como Liverpool, durante a Depressão.

Paul e Jane passam mais tempo juntos do que qualquer outro casal Beatle. Vão para fora juntos, para lugares tais como sua cabana na Escócia, graças a Jane. Pretendem mudar-se para o campo definitivamente, para uma casa menor, mais tranqüila e longe de Londres. John e George também querem fazer o mesmo.

"Eu sempre quis subjugar Jane", afirma Paul. "Queria que ela abandonasse o trabalho completamente."

"Eu me recuso. Fui educada para sempre estar fazendo alguma coisa. Eu gosto de representar. Não quero desistir disso."

"Agora vejo que estava sendo tolo", continua Paul. "Esse negócio de te subjugar era uma brincadeira."

Em épocas diferentes, quando um deles queria casar, o outro não queria. Jane diz que o que acontecia aos Beatles era algo estranho. Paul sofria a influência deles. Quando tudo parecia resolvido, mudava de idéia. Paul diz que a causa daquela mudança era a carreira dela, apesar de ele ter concordado, quando surgiu a oportunidade da grande turnê pela América, que ela devia prosseguir.

"Quando voltei, após cinco meses de ausência, Paul havia mudado muito. Ele estava tomando LSD e eu não havia participado daquilo. Eu tinha ciúmes de todas as experiências espirituais feitas em companhia de John. Umas quinze pessoas freqüentavam nossa casa, durante o dia todo. A casa também sofreu grandes transformações e estava entulhada de coisas."

Hoje sua vida é muito mais tranqüila e ordenada. Paul, diferentemente dos outros, é muito comunicativo. Ele resolve tudo com Jane. Ela sabe perfeitamente o que vai no pensamento dele.

"Outro problema", afirma Paul, "era que minha existência ficou por muito tempo girando em torno da vida de solteiro. Não trato as mulheres como a maioria faz. Sempre tive muita coisa por fora, mesmo quando tinha uma namorada firme. Sempre fui muito independente e fora do comum."

"Reconhecia meu egoísmo. Provoquei algumas brigas. E uma ocasião Jane me deixou e foi representar em Bristol. Eu disse: "Tá bem, vá, eu encontro outra. Seria uma desgraça para mim se eu ficasse sem ela."

Foi justamente quando ele compôs *I'm Looking Through You*. Jane foi a inspiração de suas mais belas músicas, tais como *And I Love Her*.

Quando ficaram noivos, no Natal de 1967, todos esses problemas se tornaram coisas do passado. Durante muito tempo, o Maharishi era o único ponto de discórdia, apesar de ela se mostrar amistosa. Jane não gamou logo por ele como aconteceu a muitas, apesar de achá-lo atraente. É claro que ela teria preferido que ambos atingissem um estado de espírito por esforço deles mesmos. Paul não chegara ao ponto em que se achavam George e John. E quando Paul foi à Índia em companhia de Jane, em 1968, sentia existir alguma coisa que o poderia ajudar, ou que poderia esclarecer suas dúvidas.

Essas eram sobre a finalidade da vida, e não a respeito dos Beatles. Paul tem alguns pontos de vista bem definidos acerca dos Beatles, de suas mudanças e do futuro.

"Passamos por milhões de transformações que não significaram nada para nós e nós não mudamos, porque eram apenas superficiais."

"Mas todas as mudanças físicas são superficiais. Parece que você entra num ciclo. E você conclui que sua ignorância vai muito além de sua sabedoria."

"Por mais que façamos, não deixamos de ser nós mesmos. Não deixamos de ser quatro partes de um todo. Somos indivíduos que juntos formamos

'Os Caras' — que formam uma pessoa. Se um de nós sai da linha, ou o seguimos ou o puxamos de volta. Nós todos acrescentamos algo diferente ao todo."

"Ringo — é o grande sentimental. Ele adora a *soul music*. Nós não manjávamos nada daquilo, até que ele nos mostrou de que se tratava. Creio ser esse o motivo por que a gente escreve aquela espécie de música para ele, num estilo sentimental, como *A Little Help From My Friends*.

"George — é o mais decidido quando quer. Nós também somos decididos. Isso faz com que nós quatro o sejamos por influência do George. Adaptamos alguma coisa dele para o nosso uso. Assim, adotamos dos outros o que sentimos faltar-nos."

"John — é o agitado. Anda muito depressa. Vê o que está acontecendo, e... lá foi ele.

"Eu — sou o conservador. Sinto que sempre devo examinar tudo. Fui o último a experimentar maconha, LSD e roupas floridas. Sou mais calmo do que John. Sou o que tem menos possibilidade de ser bem-sucedido."

"Não estamos aprendendo a ser arquitetos, ou pintores ou escritores. Estamos aprendendo a *ser*. Isso é tudo."

Nos Tempos Atuais

Este capítulo, extraído do famoso livro de Hunter Davies A Vida dos Beatles (a única biografia autorizada), conta a vida de Paul McCartney até a separação dos Beatles, em 1969.

O texto é fundamental para se compreender o cantor-compositor e homem de negócio, Paul McCartney; porém até os dias de hoje há um espaço vazio de mais de 20 anos. Como não foi elaborada uma Cronologia (como nos demais livros da coleção), todas as informações, após 1969, estão nos demais capítulos do livro, principalmente na grande entrevista de Paul Gambiccini, inserida na parte Paul McCartney por Ele Mesmo.

Como diz o autor "Escrever a biografia de pessoas vivas é uma coisa difícil, pois os fatos ainda se estão desenrolando." Outros biógrafos de Paulo McCartney virão completar o trabalho dos pioneiros.

(Fonte: *A Vida dos Beatles* - Ánica biografia autorizada - Editora Expressão e Cultura, Rio de Janeiro, 1968)

Estou em Plena Forma

Cristina Lopes de Medeiros

Um fã dos Beatles dos anos 60 que se encontrasse hoje com o compositor Paul McCartney na sede de sua empresa, a MPL, no coração de Londres, de onde comanda seus negócios no mundo dos espetáculos, julgaria ter errado de porta. Trabalhando febrilmente numa sala decorada com o mais sóbrio estilo inglês, vestido da forma mais convencional possível— com calça azul-marinho e uma impecável camisa branca — , à primeira vista o ex-Beatle tem muito pouco em comum com o jovem que criou com John Lennon a mais famosa banda de rock de todos os tempos, liderou uma revolução de costumes que transformou o mundo e compôs mais de 180 músicas que são sucesso há quase três décadas. Aos 46 anos, pai de quatro filhos — com idades entre 11 e 26 anos —, exibindo no rosto rugas que não se preocupa em disfarçar, Paul McCartney senta-se dia-

Famosa foto-encarte do *Álbum Branco,* 1968.

riamente em sua escrivaninha, dá ordens nervosas às secretárias e auxiliares e dirige um patrimônio avaliado em 670 milhões de dólares. Nos fins de semana, foge com a família para sua fazenda na Escócia, ou descansa em sua casa nos subúrbios de Londres.

Mesmo levando vida de executivo, não é difícil identificar em McCartney o ídolo da música, simpático, descontraído e extremamente comunicativo, ele ainda exibe o mesmo carisma e a exuberância do tempo dos Beatles e parece em plena forma. "Paul McCartney pode ter envelhecido mas não ficou careta", informa. Na semana passada, às vésperas de lançar na Inglaterra seu novo LP, Flowers in the Dirt *— que inclui uma música em homenagem ao sindicalista brasileiro Chico Mendes, assassinado há cinco meses —, ele recebeu VEJA em seu escritório e falou de rock, ecologia, vida familiar e — como não poderia deixar de ser — dos Beatles e de John Lennon.*

***VEJA** — O que o levou a gravar uma música em homenagem ao líder sindicalista Chico Mendes?*

McCartney — Ouvi falar nele pela primeira vez depois que foi assassinado. Os telejornais inglese deram grande destaque à notícia e a BBC fez um programa especial sobre ele e sua campanha pela Floresta Amazônica. O trabalho de Chico Mendes me comoveu. Sua preocupação com a preservação do meio ambiente e com o bem estar social, e o fato de ter sido assassinado justamente por isso, o transformaram para mim num personagem especial. Eu já havia composto a canção *How Many Will Have to Die*, que incluí nesse novo álbum, e decidi dedicá-la a ele.

***VEJA** — Como vê a atuação de Sting em favor da causa ecológia?*

McCartney — Eu certamente não adotaria um índio, como ele fez com Raoni, mas acho que no seu caso o gesto é sincero e não tem nada de demagógico. É claro que sempre existe o perigo de interpretá-lo como um golpe auto-promocional e suscitar críticas violentas — mas a história é a mesma desde Jesus Cristo. Qualquer um que estiver disposto a agir pelo bem da humanidade corre o mesmo risco. Bob Geldof, por exemplo, arruinou sua carreira depois do *Live Aid* — a série de espetáculos em favor da Etiópia: a causa o absorveu a tal ponto que ele nunca mais foi capaz de fazer um disco.

***VEJA** — Não cabe ao Brasil preservar a Amazônia em vez de roqueiros ficarem fazendo isso?*

McCartney — Não se pode responsabilizar o Brasil pela destruição da reserva de oxigênio do mundo. Nós mesmos, os ingleses, somos responsáveis por grande parte da destruição, junto com os outros países industrializados do norte da Europa. Quem provocou a chuva ácida, por exemplo? Compreendo que o Brasil agora explore suas florestas e concordo com seu direito de querer torná-las rentáveis. Talvez nós, países industrializados do Ocidente, possamos contribuir para que isso não signifique a extinção da fauna e da flora, subsidiando a preservação. Podemos fazer isso, pagando um preço elevado pela borracha e desestimulando a produção de carne e cereais. Se nós quisermos presevar a floretsa, a única saída é pagar por isso. Não se pode simplesmente dizer: "Ei, parem com isso, vocês vão estragar o ar que o mundo respira".

***VEJA** — Nos tempos dos Beatles, você gostava de festas e badalações e hoje deixou de fumar, bebe pouco e aprecia sobretudo a vida doméstica. Como foi a mudança?*

McCartney — Eu gostaria de ser uma eterna criança, mas, aos 46 anos e quatro filhos, você acaba sendo obrigado a ter uma certa maturidade. É claro que não virei um velho careta: estou em plena forma. Ainda adoro uísque escocês também, mas levo uma vida plenamente saudável: comida vegetariana, ar puro, boas horas de sono e nenhum trabalho nos fins de semana.

***VEJA** — Você acha que os jovens dos anos 80 são mais conservadores que os dos anos 60?*

McCartney — Não são mais conservadores, mas mais conscientes e, de uma certa forma, mais bem preparados. Na minha época não se falava em sexo em casa, a gente descobria tudo sozinho. Havia muitos tabus, muita repressão. É natural, então, que a juventude dos anos 60 quisesse se liberar das convenções e romper todas as amarras. Hoje isso não é mais necessário, essas questões já foram discutidas e esclarecidas. Não existe mais a necessidade de revolucionar os costumes de uma forma drástica, como foi feito naquela época. Mas isso não significa conservadorismo. Essa nova mentalidade, mais aberta, mais condescendenete, esse amadurecimento é o grande legado da revolução que nós lideramos.

VEJA *— Alguns conservadores apontam a Aids como a principal conseqüência dessa revolução. Você concorda com isso?*

McCartney — A Aids é um mal que não saiu da cabeça de ninguém. Ela existe como uma nova peste e eu não acho que se possa culpar alguém por isso. Nós temos é que aprender a conviver com essa ameaça e fazer o possível para reduzi-la ao máximo. Mas naturalmente ela contribui para uma nova postura em relação ao sexo. É preciso ser muito mais cauteloso hoje em dia e isso certamente reduz a liberdade sexual.

VEJA *— Que conselhos você dá a seus filhos a respeito da Aids?*

McCartney — Nós discutimos o problema claramente. Eu e minha mulher, Linda, procuramos conscientizá-los de que hoje você precisa conhecer bem seu parceiro sexual para ter um risco menor de contágio. Sabemos que o relacionamento sexual entre os jovens é perfeitamente natural e por isso aconselhamos nossos filhos a tomarem certas precauções, como o uso de preservativos, e a considerarem o sexo como parte de um relacionamento afetivo.

VEJA *— Você já foi preso por porte de maconha. Como vê as drogas hoje em dia?*

McCartney — Eu não sou um pregador da maconha, mas acho que existem muitas outras drogas mais nocivas que ela. Heroína mata, crack mata, cocaína mata, remédios matam. É assim que eu vejo as drogas.

VEJA *— Você não toma mais drogas?*

McCartney — Olhe, eu não diria numa entrevista que tomo drogas. A privacidade neste caso é fundamental.

VEJA *— Você acha que os artistas têm um papel a cumprir no sentido de conscientizar as pessoas no combate às drogas e à Aids?*

McCartney — Todo artista tem um papel a cumprir, seja ele no sentido de combater aquilo que critica, seja no de despertar a consciência das pessoas. Mas não lhe cabe a responsabilidade de procurar "fazer cabeças". Claro que um ídolo é sempre um modelo e o que ele faz, a maneira como se comporta e pensa é imitada por milhares de fãs. Na época dos Beatles, quando me perguntavam se eu não me sentia responsável pelos jovens que nos admiravam e copiavam, achava que não, que eles eram livres para fazer o que quisessem e que isso era problema deles. Hoje, como pai, eu já vejo as coisas de uma forma diferente. Os artistas têm um poder incalculável de influência sobre os jovens. Se eles puderem usar essa influência para divulgar boas causas, tanto melhor, mas não se pode atribuir-lhes o papel de gurus.

***VEJA** — Quem é seu público hoje em dia: os jovens ou os antigos fãs dos Beatles que têm a sua idade?*

McCartney — Os Beatles ainda são sucesso atualmente entre todas as gerações. É verdade que o rock atual vive hoje uma crise de criatividade e isso contribui para reavivar o trabalho dos Beatles, mas o fato é que éramos realmente muito bons e nossas músicas não envelheceram. O principal problema do rock atual é que ele envelhece rapidamente. A maioria das composições é descartável. É claro que há trabalhos de excelente qualidade, mas a grande parte é feita numa base puramente comercial, e o avanço das técnicas de vídeo e som contribuiu em muito para isso.

***VEJA** — Por que os Beatles são sucesso até hoje, enquanto novos artistas se alternam no trono da música pop? O que os Beatles tinham que Madonna e Michael Jackson não têm?*

McCartney — Falta-lhes profundidade. Falta-lhes qualidade musical. Parece pretensioso, mas o certo é que as músicas de Lennon e McCartney eram muito melhores e, do ponto de vista musical, até hoje são modernas, intrigantes, ousadas. Michael Jackson, por exemplo, é um bom cantor, mas é sobretudo um show-man. É um grande bailarino, mas não toca nenhum instrumento. A diferença entre os Beatles e a maior parte dos novos ídolos do rock começa com a formação musical e a habilidade de extrair músicas dos instrumentos. Eu compus com Michael Jackson e compus com John Lennon e posso dizer que John Lennon era realmente um gênio musical. Ele podia não cantar como Michael Jackson e certamente não dançava como ele — a menos que estivesse bêbado, mas isso é uma outra história —, mas era um homem muito profundo e um músico excepcionalmente habilidoso.

***VEJA** — Como era trabalhar com John Lennon?*

McCartney — Era uma

competição muito fácil e produtiva. Ele foi sem dúvida o melhor parceiro musical que já tive e um grande amigo. Tínhamos um perfeito entrosamento e mesmo nos momentos de maior tensão, pouco antes da dissolução do grupo, conseguimos manter a mesma sintonia. É claro que ele era uma pessoa difícil — autoritário, intransigente, impaciente, mas era fácil trabalhar com ele. E muito gratificante, porque cada um dava o melhor de si e conseguimos criar boas coisas, às vezes em um mínimo de tempo.

***VEJA** — É verdade que seu relacionamento com Lennon piorou muito nas vésperas da morte dele?*

McCartney — Sempre houve um certo ressentimento depois da dissolução do grupo, e os problemas com a nossa empresa, a Apple contribuíram para agravá-los. Mas no fundo continuávamos amigos, a nos querer bem e a nos respeitar. Pouco antes de ele morrer, tivemos uma conversa por telefone sobre nossas famílias e nosso trabalho. Um papo descontraído de dois velhos amigos, e foi uma das raras vezes em que não desligamos batendo o telefone um na cara do outro.

***VEJA** — Em 1985, Yoko Ono, George Harrison e Ringo Starr moveram um processo contra você, acusando-o de abocanhar uma parcela desigual dos direitos autorais dos Beatles. Em que deu essa briga?*

McCartney — Os Beatles nuca detiveram o controle sobre os direitos autorais de suas composições. Quando começamos, há mais de 25 anos, nosso contrato não nos dava nenhum poder, apenas recebíamos o dinheiro que era enviado pela firma Dick James, a primeira a deter esse controle. Depois, ele foi vendido quando nós estávamos na Índia, sem que sequer nos comunicassem. Eles trocaram sucessivamente de mãos até chegar às de Michael Jackson, que comprou o controle sobre nossas canções há dois anos. O nosso grande problema desde a dissolução do grupo foi a gravadora Apple, que era nossa e que até hoje nos dá dor de cabeça. Nunca se conseguiu chegar a um acordo sobre partilha, e a situação está até agora nas mãos dos advogados. Todos os meses analisamos novas possibilidades para resolver a questão, mas há sempre um de nós que não está de acordo, e não se decide nada.

***VEJA** — Isso contribuiu*

para deteriorar as realções entre os ex-Beatles?

McCartney — Certamente. Nós nunca vamos voltar a ser realmente amigos enquanto esta questão estiver pendente. É como se houvesse sempre uma tensão no ar. É como um divórcio — arrastado e desgastante. Quando essa situação finalmente se resolver, as coisas ficarão mais fáceis entre nós; um dos meus planos é compor com George Harrison — nós nunca escrevemos uma música juntos. Ele mesmo está animado com a idéia, e é possível até que Ringo e nós façamos algo juntos quando nos livrarmos da Apple.

***VEJA** — Seria a volta dos Beatles, embora sem Lennon?*

McCartney — Não voltaríamos como um grupo, mas como velhos parceiros. Por que não?

***VEJA** — Como é hoje sua relação com Yoko Ono?*

McCartney — Nunca foi das melhores, mas é civilizada. Nos falamos de tempos em tempos pelo telefone e nosso contato é pequeno. Há alguns anos, eu quis comprar os direitos autotrais das composições Lennon e McCartney, mas não queria comprá-los sozinho. O ideal seria dividi-los com John, mas como ele estava morto, propus fazê-lo com Yoko. A coisa simplesmente não funcionou e eu desisti da idéia. Hoje nos limitamos a conversas triviaias.

***VEJA** — Depois do assassinato de Lennon você intensificou sua segurança pessoal e a de sua família?*

McCartney — Quando estou exposto como ídolo,em shows e turnês, tenho sempre guarda-costas. Também evito circular muito em lugares onde haja multidões. Mas fora isso levamos uma vida perfeitamente normal e evitamos transformar a questão de nossa segurança pessoal numa paranóia.

***VEJA** — Em 1986 sua fortuna foi estimada em 400 milhões de libras (700 milhões de cruzados novos). Ela cresceu desde então?*

McCartney — Não posso me queixar de ter perdido dinheiro nos últimos tempos.

***VEJA** — Você é um dos poucos megaastros do rock que não se exilaram da Inglaterra por causa do elevado imposto de renda cobrado no país. Por quê?*

McCartney — Porque gosto de morar na Inglaterra, de trabalhar aqui. Então, se tenho que pagar impostos, eu pago. E olha que não é pouco.

***VEJA** — Por que você escolheu a União Soviética para*

lançar o se LP do ano passado, Back in the U.S.S.R*?*

McCartney — Eu primeiro fiz um disco e estava pensando em como divulgá-lo. Então tive a idéia de fazer algo completamente inédito: lançá-lo primeiro na União Soviética, para só então lançá-lo no Ocidente. Assim, pela primeira vez, os russos teriam a primazia numa área predominantemente ocidental.

***VEJA** — Então não passou de um golpe publicitário?*

McCartney — Bem, inicialmente foi isso mesmo, mas a idéia pareceu-me válida porque seria também uma forma de agir em favor do meu propósito de derrubar fronteiras e estreitar laços. Tenho certo medo de levantar uma bandeira, a exemplo de Sting, e parecer ingênuo ou pretensioso, mas tenho uma causa geral que é a paz, a cooperação entre a União Soviética e os Estados Unidos.

***VEJA** — Por que até então você não se empenhara nessa causa?*

McCartney — Antes era simplesmente imposível contatar as gravadoras soviéticas, por exemplo. Mas, mesmo na época dos Beatles, nós já contribuíamos para mudar a mentalidade dos jovens russos. Não acho exagero afirmar que os Beatles tiveram grande influência sobre eles. Na época em que lancei o disco, há cerca de um ano, dei uma entrevista em Londres para uma revista soviética e perguntei aos jornalistas, dois tipos tipicamente egressos da KGB: "O que vocês faziam na época dos Beatles?" Eles responderam: "Nós tocávamos suas músicas na guitarra e adorávamos vocês". Foi uma sensação indescritível.

***VEJA** — Voce pretende fazer shows na União Soviética este ano?*

McCartney — Não neste ano, mas no próximo. Estamos organizando uma grande turnê internacional.

***VEJA** — Ela inclui o Brasil?*

McCartney — Inclui a América do Sul certamente, mas ainda não sei se inclui o Brasil. Eu gostaria muito. Já planejamos isso várias vezes, mas nunca deu certo. É um país que me atrai muito, principalmente por causa da música.

***VEJA** — O que você conhece da música brasileira?*

McCartney — Não conheço nomes, mas conheço o som, e o que mais me atrai é a percussão, a melhor do mundo.

(Fonte: VEJA , 10 de maio de 1989.)

Retrato Íntimo do Superstar

Esta extensa entrevista — a mais completa até hoje realizada — faz parte do livro Paul McCartney in His Own Words, *escrito e editado por Paul Gambaccini, e publicado pela Omnibus Ptess, na Inglaterra, em 1976.*

O texto é um auto-retrato íntimo de Paul McCartney. Sua vida e sua obra são aqui abordados em profundidade até 1976. Outras entrevistas do ex-Beatle completam e atualizam as informações sobre o cantor e compositor, cuja vinda ao Brasil está marcada para dezembro/93.

Em respeito aos fãs do cantor este texto, considerado fundamental na biografia de Paul McCartney, não poderia deixar de figurar nas páginas deste livro-antologia. É a parte essencial do livro.

McCartney — A primeira que cantei num palco, foi *Long Tall Sally*. Eu era muito jovem, talvez 14; mas pode ter sido 11, não sei. Fomos com nossos pais para um acampamento de férias chamado Butlins, um branch em Wales. Eles costumavam fazer shows de calouros, e um de meus primos era um dos que tinham alguma coisa a ver com as diversões. Ele nos chamou para o palco. Meu violão estava comigo. Lembrando agora disso, acho que foi uma coisa arranjada, não sei o que eu estava fazendo lá com meu violão. Provavelmente pedi para que ele me chamasse. Fui com meu irmão Mike, que estava se recuperando de uma fratura no braço, e estava muito pálido. Fazíamos uma música dos Everly Brothers, algo como *Bye Bye Love*. Acho que foi mesmo *Bye Bye Love*. Cantamos essa música juntos, depois eu terminei com *Long Tall Sally*.

Desde que escutei a versão de Little Richards, comecei a imitá-lo. Era uma imitação óbvia, que gradualmente se tornou minha versão, tanto quanto de Richards. Comecei a treinar numa classe vazia, mas era apenas uma das imitações que eu sabia fazer. Fazia Fats Domino, Elvis Presley, e alguns outros. (Sorrisos.) Ainda faço: *I'm walking, yes indeed, I'm...*

(imitação de Fats Domino). *Thank you very much, ladies and gentleman* (imitação de Elvis Presley). Esse foi o Elvis.

Long Tall Sally era o som que eu fazia. Nunca pude pensar em uma música melhor para terminar. Houve uma época em que eu tocava *What I Say*. Depois eu passei a fazer uma versão maluca de *Hey Bop a Rebop*. Era mesmo muito bom para mexer com o público. (canta um trecho de *Hey Bop a Rebop*). Os *hey* eram como em *What I Say*. Mas nenhum deles é melhor do que *Long Tall Sally*, que ainda toco.

Gambaccini — *Quando compôs* I'm Down, *usou o estilo de Little Richard.*

McCartney — Isso foi para substituir *Long Tall Sally* no fim dos shows, como um rock bem alto. Como diria um pintor, tem os matizes de Little Richard.

Gambaccini — *Você gostava dos aristas negros no final dos anos cinqüenta e no começo dos sessenta? John tocou muitas músicas da Motown.*

McCartney — Gostava muito. Adorava aquele som. Eram meus favoritos.

Gambaccini — *Será que os "Cunard Yanks" (marinheiros inglêses engajados em travessias do Atlântico) tiveram alguma coisa a ver com os discos que foram parar em suas mãos?*

McCartney — Acho que não. Talvez tenham, mas a gente simplesmente escutava algumas músicas. Eram muito diferentes do que tocava sempre. Na Inglaterra, um dos caras que começou foi um sujeito chamado Lonnie Donegan. Ele tocava o som, e simultaneamente havia essa música chegando dos Estados Unidos, Chuck Berry, Fats Domino, Little Richard, Elvis, Gene Vincent, Eddie Cochran.

Costumávamos também assistir alguns filmes, como *Rock Around The Clock*, *Don't Knock The Rock*, *Twist Around The Clock*, *Girl Can't Help It*, alguns deles, que eram chocantes. Na verdade, lembro que George e fomos assistir "Blackboard Jungle", ele tinha quinze anos naquela época, e a censura era para dezesseis anos. Eu tinha dezesseis, portanto tudo bem. A mãe de George dizia: "Você não vai conseguir entrar, você não vai entrar", e a gente respondia: "Não se preocupe, vamos colocar ele para dentro." Fomos até o fundo do quintal, e pegamos um pouco de lama. George tinha um pouco de buço, e esfregou nele a lama. Fomos até o cinema e conseguimos entrar. "Claro que ele tem dezesseis..." a gente falou com voz grossa. O único motivo de querermos ir era uma música de Bill Halley, *Rock Around The Clock*, que estava no filme. Essa música foi a única razão de querermos ver o filme.

Gambaccini — *Você declarou ter sido afetado emocionalmente pela música com a idade de cinco anos. Quais foram suas influências naquela época.*

McCartney — Eu costumava ouvir muito rádio, portanto acabei gostando de música popular. Escutei muita música de cinema, Fred Astaire e coisas desse tipo, que eu adorava.

Gambaccini — *George Martin disse que você chegou a cantar* Over The Rainbow.

McCartney — É verdade, eu costumava cantar todas essas músicas. Eu cantava *Till There Was You*, cantava *Over The Rainbow*. Só cantava porque Gene Vincent cantava, e foi a versão dele que curti, não a de Judy (Garland), embora conhecesse a dela do filme. *(O Mágico de Oz)*.

Desde muito cedo eu me interessei em cantar. Gosto de uma boa melodia. Sabe, *White Christmas, Over Ther Rainbow*, velhas canções. Meu pai costumava tocar bastante, portanto acho que fui influenciado por ele. *Stairway to Paradise, Chicago*, e coisas assim, os velhos clássicos de jazz. Ele tinha uma banda, meu pai. Chamava-se Jim Mac's Band. Foi quando ele tinha cerca de vinte e cinco anos. Mais tarde, teve de desistir, porque colocou dentadura e não pôde mais tocar trumpete.

Gambaccini — *Quando foi a primeira vez que pensou em entrar num conjunto?*

McCartney — Acho que não cheguei a pensar se queria entrar num. Eu queria fazer alguma coisa relativa à música, e meu pai me deu um trumpete de aniversário. Comecei a tentar aprender, mas minha boca ficava machucada. Sabe, é preciso passar por um período de endurecimento dos lábios. De repente compreendi que não poderia cantar se tocasse trumpete. Então achei que violão seria melhor. Estávamos na época em que o violão se tornava o intrumento. Troquei meu trumpete por um violão, que levei para casa e não conseguia descobrir o que estava errado, até resolver de repente inverter as cordas, o que funcionou; foi quando descobri que era canhoto. Na verdade comecei dali; foi o meu primeiro som, e uma vez que se tinha um violão, a gente podia ser escolhido para tocar numa banda. Mas nunca tinha pensado em mim como integrante de uma banda.

Um dia saí com esse amigo meu. O nome dele era Ivan (Vaughan). Fomos até ao vilarejo de Wolton, em Liverpool, onde havia essa festa, e John e seus amigos estavam tocando. Meu amigo Ivan conhecia John, que era vizinho dele. Nos encontramos ali, e John estava no palco cantando *Come little darling, come and go with me...*, a música do The Del Vikings, *Come and Go With Me.*

Mas ele não sabia a letra, porque não conhecia o disco, portanto fez sua própria letra: "down, down, down to the penitentiary". Lembro que fiquei impressionado. Pensei: uau, ele é bom. Era um bom grupo, aquele. Então, mais tarde, no saguão da igreja, cantei algumas músicas que conhecia.

Eu sabia de cor a letra de *Twenty Flight Rock*, e alguns outros, e naquela época era muito saber de memória as letras. John não sabia as letras de muitas músicas, portanto eu era valioso. Escrevi algumas e mostrei como tocar *Twenty Flight Rock*, e mais uma, se não me engano. Ele tocou o que sabia, e lembro de ter sentido cheiro de bebida. Era um cara muito legal, mas estava um pouco bêbado. De qualquer jeito, foi minha apresentação, e cantei algumas músicas velhas.

Gostei do conjunto deles, e mais tarde, um dos amigos do grupo de John, um sujeito chamado Pete Shotton, me viu em Woolton um dia e disse: "Ei, eles disseram que tudo bem você entrar no conjunto, se quiser. Eu respondi: "Seria ótimo". Nos encontramos em algum lugar, e eu estava no conjunto.

No começo eu tocava guitarra. O primeiro compromisso que tivemos foi num Conservative Club, em algum lugar da Broadway, que é um bairro de Liverpool, assim como de Nova Iork. Eu tinha um grande solo de guitarra, um boogie. Eu tinha esse solo, e quando chegou a minha vez, estraguei tudo. Estraguei tudo. Dedos pegajosos, sabe como é? Não consegui tocar, e fiquei terrivelmente envergonhado. Fiz papel de bobo daquela vez, portanto, de aí em diante, fiquei na guitarra rítmica. Estraguei tudo como solista!

Fomos para Hamburgo, e eu tinha uma guitarra elétrica barata. Finalmente ela me deixou na mão, desmontou em Hamburgo. Ela não estava acostumada a ser tão usada. Então eu fiquei no piano por algum tempo. Então eu passei do contrabaixo para a guitarra solo, para guitarra base, para o piano. Eu costumava tocar algumas músicas como *Don't let the Sun Keep You Crying*, de Ray Charles, ou *High School Confidential*, de Jerry Lee Lewis.

Nessa época, Stuart (Sutcliffe) saiu do conjunto. Ele era o contrabaixista. Me emprestou o instrumento, e toquei contrabaixo por algumas semanas. Costumava tocar de cabeça para baixo. Ele usava cordas de piano, porque não era fácil conseguir encordoamentos de contrabaixo. Eram raros, e custavam muito caro, também, mais ou menos duas libras cada corda. Então ele cortava grandes pedaços de cordas de piano, e as colocava na guitarra. Toquei de cabeça para baixo por algum tempo. Sou muito versátil, isso eu concedo a mim mesmo. Eu não era muito bom, mas era versátil.

Estava em Hamburgo, e tinha conseguido guardar um pouco de dinheiro, e finalmente economizei o suficiente para comprar um contrabaixo Hofner, com formato de violino. Era o meu baixo aquele e me tornei conhecido com esse intrumento, muitos garotos compraram instrumentos iguais. Foi um grande orgulho e uma grande alegria, porque o som era ótimo.

E basicamente foi isso. O resto vocês conhecem.

Beatles: De Liverpool Para o Mundo

McCartney — John e eu aos poucos começamos a compor juntos, o que não significa necessariamente que compusemos tudo juntos. Fazíamos mais ou menos 80% juntos, e os outros 20% eram músicas como *Yesterday* para mim, e para John músicas como *Strawberry Fields*, que ele compôs sozinho. E eu também compunha meu próprio material.

Quando comecei a compor, comecei a usar o violão. A primeira música que compus chavama-se *My Little Girl*, uma canção engraçadinha, picante, e baseada em três acordes: Sol, Sol sétima e Dó. Um pouco mais tarde, compramos um piano no estúdio, e eu costumava tocar um pouco. Compus *When I'm Sixty-Four* quando tinha dezesseis anos. Por isso fiz essa letra, imaginando vagamente que pudesse ser útil numa comédia musical ou algo parecido, pois não sabia que carreira iria seguir.

Comecei a compor no piano, e desde então tem sido uma mistura dos dois instrumentos. Uso qualquer deles, agora. Algumas vezes estou com a guitarra na mão, em outras estou sentado ao piano. Depende do que estou tocando... componho nele, sabe.

***Gambaccini** — Começa com o título, uma frase, ou o quê?*

McCartney — Ah, de várias maneiras. A cada vez é diferente. Compus *All My Loving* como poesia, mais tarde coloquei a melodia. Em *Yesterday*, fiz a melodia primeira, e depois a letra. Chamei essa música de *Scrambled Eggs*. Não tinha letra. (Cantarola a melodia usando *scrambled eggs* no lugar da palavra *yesterday*.) Escrevi a letra bem mais tarde; é assim, de cada vez é diferente.

***Gambaccini** — Quando teve a idéia de colocar um quarteto de cordas em* Scrambled Eggs*?*

McCartney — Em primeiro lugar, eu tocava para todo mundo, e perguntava: "O que acha dessa música?" Toquei sozinho com violão, e cantei. O resto dos Beatles disse: "É isso aí. Adoramos." Então eu e George Martin nos reunimos, e burilamos a idéia. Eu queria só um pequeno arranjo de cordas, e ele disse: "E que tal um quarteto de cordas?" Eu respondi que achava ótimo. Sentamos ao piano e bolamos tudo.

***Gambaccini** — Você se tem algum sentimento mais forte em relação a essa música?*

McCartney — Na verdade, tenho. Reconheço que *Yesterday* provavelmente é minha melhor música. Não sei por que, na verdade, mas acho que se a gente compõe uma música que muitos conhecem, como quando se está num bar e o pianista a toca em seu repertório... outro dia eu estava em Regent Street (Londres), e havia um pianista no foyer. Estava procurando um suéter, e outros presentes de Natal. O pianista estava tocando sucessos de Noel Coward. Fiz todas as minhas compras, e reparei que o som era amplificado por todos os departamentos, e lembro de pensar que ele fazia uma bela apresentação, dando tudo de si. Na saída, eu me inclinei e disse: "Obrigado". Achei que ele gostaria. Ele disse: "De nada", e me reconheceu. Enquanto saía, escutei: (canta a melodia de *Yesterday*).

Gosto dela não só por ter sido um grande sucesso, mas porque é uma das minhas melodias mais intuitivas. Eu simplesmente rolei da cama num dia de manhã, e havia um piano perto nesse lugar onde eu morava; levantei da cama e captei a melodia. Fiquei tão orgulhoso dela. Senti que era uma música original, não copiava nada, e a melodia era grande: tudo estava ali, e nada se repetia.

Levei algumas gozações por causa dela. Lembro de George dizendo: "Blimey, ele está sempre falando em *Yesterday*, e a gente pode pensar que foi um Beethoven, ou algo parecido." Mas de qualquer forma, é ela. A música mais completa que compus.

É sugestiva sem ser enjoativa. Quando se tenta compor, existem certos momentos, quando se capta a essência, em que tudo está ali. É como a perfeição de um ovo, onde não existe nenhuma rachadura, nenhuma falha.

Gambaccini — Essa música ajudou a tornar as baladas respeitadas no repertório dos grupos de rock.

McCartney — Lembro do velho Mick Jagger, dizendo: "Gostaria de poder cantar assim", porque naquela época ele não sabia que podia. Mais tarde, a voz de Mick melhorou muito.

Gosto de baladas, e sei que as pessoas também gostam. Estou consciente do fato de que as pessoas gostam de músicas românticas.

Gambaccini — Já que esta é a favorita entre suas músicas, tem alguma favorita entre as que compôs com John?

McCartney — Na verdade, várias. Gostava de *In My Life*. A letra era de John, e eu compus a melodia. Era ótima. Estou me prendendo a uma só, mas havia muitas assim. *Norwegian Wood*, que era mais de John... mas existem

tantas. Gosto de muitas. (Pensa por um instante.) Gosto muito de *Eleanor Rigby*, essa era bonita.

***Gambaccini** — Quem colocou os "yeahs" em* She Loves You*?*

McCartney — John e eu já compusemos assim. *She loves you, yeah, yeah, yeah*. Mas a idéia de colocar o acorde de sexta no final foi de George. De George Harrison. E George Martin disse: "Engraçado. É uma coisa antiga." Nós respondemos: "É, mas fica bem, não fica?" Ele disse: "Fica. Tudo bem."

***Gambaccini** — Depois foi elogiado pelas pausas.*

McCartney — É verdade. Cadências eólicas.

***Gambaccini** — Já tinha ouvido falar disso?*

McCartney — Não. Ainda não sei o que significa.

***Gambaccini** — Como vê a contribuição de George Martin para as músicas naquela época?*

McCartney — Na verdade a contribuição de George foi enorme. A primeira vez que ele realmente demonstrou que podia enxergar além do que oferecíamos para ele, foi em *Please, Please Me*. A música foi concebida originalmente com um som do tipo Roy Orbison, sabe como é? George Martin disse: "Bem, vamos acelerar o tempo." Foi o que ele fez, e todos achamos que melhorou muito, e que ali estava um sucesso. A presença de George se fez sentir desde o começo.

A época em que ficamos ofendidos, vou contar: foi uma das críticas, se não me engano sobre o *Sgt. Pepper*... uma delas dizia: "Esse foi o melhor disco de George Martin". Ficamos chocados. Quero dizer, não nos importamos que ele ajude, é ótimo, uma grande ajuda, mas o disco não é dele, pessoal. Houve um pouco de amargura nesse sentido. Uma grande ajuda, mas pelo amor de Deus, se ele ficar com a fama... pelo disco inteiro... (Paul brinca com seus filhos.)

***Gambaccini** — Foi um dos primeiros discos conceituais, com continuidade. Tinham isso em mente quando compuseram as músicas?*

McCartney — Não. Era apenas uma música chamada *Sargent Pepper's Lonely Hearts Club Band*, feita para abrir o disco. Então continuamos até

Paul, numa pose de *Lord, 1971.*

a idéia de mencionar Billy Shears, emendando com a canção de Ringo, e isso fez tudo parecer integrado. Resolvemos então terminar o disco com o início, para "amarrar" tudo, parecido com o que fizemos em Bit On The Run. Pronto, lá veio todo mundo com essa história de "Ah, um disco conceitual!" Foi a primeira vez que escutei essa palavra.

Gambaccini — *Então não perceberam o risco envolvido em fazer um disco que foi usado como padrão?*

McCartney — Boa pergunta.

Gambaccini — *E quando digo padrão, não me refiro apenas aos méritos próprios, mas um padrão com o qual os outros discos foram comparados. Você ri quando depara com essas coisas?*

McCartney — Não. Sou como a maior parte das pessoas. Não se ri, não se chora, só se fica vendo. "Ah, claro, o *Sgt. Peppers* dos anos setenta. A gente vai levando, não se pensa em nada.

Gambaccini — *Você compôs o trecho do meio de* A Day In The Life, *desse mesmo disco. Escreveu "had a smoke' (dei uma fumada), referindo-se à maconha?*

McCartney — Sim. Foi uma referência meio *risque à maconha. Sim.

Gambaccini — *Olhando para trás, acha que pode ter induzido algumas pessoas a fazer o que não deviam?*

McCartney — Provavelmente, sim. Houve discussão na época se devíamos incluir o trecho, e que se danassem, ou se ficávamos calmos e deixávamos de fora. Foi na época em que todo mundo estava começando a puxar fumo, apenas *dabble.* Pensamos: "Ah, que diabo, vamos usar." Ficou bem na música, e produziu uma certa emoção, era como colocar alguma coisa sensual na música. Não percebi, e na verdade não sei se teve um efeito tão grande. Possivelmente, sim. Sabíamos que as pessoas que conheciam o assunto entenderiam *Love to turn you on* (Gosto de "ligar" você), como outra referência, mas havia tão poucas, que as únicas que poderiam entender, eram pessoas que já estavam "ligadas".

Foi proibida (pela BBC), pela referência à quantos buracos se precisa para encher o Albert Hall. Alguém teve a brilhante idéia de achar que os buracos eram nos braços dos políticos. Acho que ouviram dizer que a música tinha alguma coisa a ver com drogas, e essa foi a única parte que puderam encontrar que soava parecido. Isso prova que as pessoas que não sabem nada sobre drogas não devem ter sido corrompidas. Ligar e fumar em linguagem normal não significa nada de mais. Acho que pode ter seduzido algumas pessoas, mas não se pode ficar preocupado com isso. Na época não ficamos, de qualquer forma. Só pensamos, será uma bela piada interna para nossos amigos.

Gambaccini *— Sabendo que* Let It Be *foi lançado basicamente depois do fato, desejaria que não tivesse sido lançado?*

McCartney — Não. Não tenho esse desejo sobre nada. Tudo parece ter o seu lugar na história, depois de ter acontecido, e vamos deixar tudo como está.

Gambaccini *— Foi uma jogada de resgate do Phill Spector, não foi?*

McCartney — Mais ou menos. Ele estava junto com Allen Klein, que o contratou. Nós tínhamos perdido todo o interesse, ninguém mais estava interessado no disco, portanto foi mesmo um trabalho de resgate para ele. Me deram uma cópia para que eu aprovasse; eu telefonei e descobri que ele já tinha saído. O disco foi lançado em grande parte dessa forma.

Não gostei muito dos violinos e do coro de mulheres em *Long And Winding Road.* Eu sempre fiz meus arranjos de cordas. Mas isso já é leite derramado. Ninguém se importou a não ser eu, portanto fiquei quieto. Quando recebemos, Linda e eu escutamos em casa. Achei um pouco tosco, porque Abbey Road tinha sido muito profissional.

Gambaccini *— Foi o primeiro disco a ter trechos curtos, como do tipo que também aparece em* McCartney *?*

McCartney — Eu gostava da idéia de usar as fitas puras, sem adicionar nada. Havíamos pensado em fazer um trabalho mais solto antes disso, mas o disco sempre saía com muita produção. Esse era o conceito para o álbum inteiro. Todas as coisas normais que se grava, com todo o clima, e são ótimas, mas não são boas gravações, ou não apresentam trabalhos brilhantes de produção, e normalmente ficam de fora, e vão parar, por assim dizer, no chão da sala de montagem de Pete Thownshend. Acaba como o resto das fitas demo dele.

Mas todo esse material eu geralmente gosto muito. Tem a porta batendo, o barulho do gravador, um par de pessoas rindo ao fundo. Quando se está com os amigos, é esse tipo de música que a gente toca para eles. Não se mostra a versão acabada e produzida.

Como em *Hey Jude*... acho que tenho a fita em algum lugar por aí... onde eu continuo com aquelas palavras gozadas. Lembro de tocar no violão para John e Yoko, dizendo: "Essas palavras não vão para a versão final". Algumas dessas palavras eram "the movement you need is on your shoulder", e John gritou: "Está ótimo. O movimento que você precisa está em seu ombro." Eu disse que era loucura, que aquilo não fazia sentido, mas ele respondeu: "Claro que faz. Está ótimo." Eu estou sempre fazendo essas coisas, a propósito. Nunca sei se está bastante bom. Sou assim.

Quando *McCartney* foi lançado, eu ainda tinha esse material, gostava dele, e pensei: "bem, são um pouco toscas, mas têm alguma coisa especial nelas, portanto vamos deixar e lançar assim. Não foi um disco no qual eu tenha suado muito, mas mesmo assim descubro que é o favorito de muita gente. Eles acham ótimo escutar os garotos gritando e as portas batendo. É adorável.

Escondido na mente das pessoas sempre existe esse tipo de coisa. O som de uma fita sendo rebobinada é um som interessante. Se você está trabalhando num estúdio de gravação, escuta o tempo todo e acostuma. Não se pensa nele. Quando o operador liga o gravador no centro de uma faixa, surge aquele som (imita o ruído) antes de começar a música; sempre gostei disso, as pontas mal acabadas e finais indefinidos. Parece que dá uma certa qualidade de música ao vivo.

Gambaccini — *Quando coloca essas pontas mal acabadas, está se expondo à interpretação. Existe o famoso exemplo do Album de Casamento de John e Yoko, onde o crítico escutou o tom no test pressing e disse que as flutuações sutis desse tom eram muito artísticas.*

McCartney — Toda essa

história de análise é uma coisa muito engraçada, quase como criar a história antes que seja criada. Quando algo acontece, você imediatamente começa a analisar como se tivesse acontecido há cinqüenta anos, como se fosse afirmado pelo próprio Henrique VIII. É uma estupidez, na verdade, mas não se pode culpar ninguém por fazer isso, porque eles precisam escrever alguma coisa. A menos que possam dizer: "Eu estava na casa dele, e ele me ofereceu uma xícara de chá... umas estranhas xícaras azuis...", precisam escrever sobre o que você quis dizer com isso ou com aquilo, ou seja o que for.

Gambaccini — *Uma das músicas que você mencionou alguns minutos atrás,* Hey Jude, *deixou todo mundo curioso para saber quem era Jude.*

McCartney — Eu estava dirigindo para ver Cynthia Lennon. Acho que foi logo depois que John e ela se separaram, e eu tinha muita afinidade com Julian (o filho deles). Estava guiando e cantarolando essa música, dizendo: "Hey Jules". Era assim: "don't make it bad/ Take a sad song... (Não torne isso ruim/Tome uma música triste...)". Então achei que Jude era um nome melhor. Um pouco mais "country" para mim.

Em outras palavras, era apenas um nome. Seria como "Hey Luke", ou "Hey Max", ou "Hey Abe", só que "Hey Jude" soava melhor. Para um sujeito, Jude significava judeu, "Juden Raus", "Fora Judeus". Nessa época tínhamos a loja da Apple. Fui até lá uma noite, pintei as vitrinas de branco, e escrevi Hey Jude, como um grande anúncio. Pensei que fosse uma grande idéia, já que a loja está parada, usar a janela como publicidade para o disco. Escrevi bem grande Hey Jude no vidro, e no dia seguinte um cara de uma das delicatessens pertencentes a judeus ali em frente, telefonou para o escritório. "Se meus filhas estivessem comigo, mandaria eles mata você. Você fez coisa terrível com nome judeu. O que quer com Juden Raus, começar de novo todo esta negócia nazista?"

Essas são coisas que acontecem de verdade. Mas em nove casos entre dez, quando assentou a poeira sobre a separação dos Beatles, John compondo uma música para mim, eu supostamente respondendo... Certo, fiz um pouco disso sob meu ponto de vista, em algumas frases, pensando: Acho que essa vai pegar ele. Que diabos, não se pode evitar isso. Em *Too Many People*, fiz um pouco isso, "too many people preaching" (muitas pessoas rezando). Essa foi a única coisa que disse me referindo o tempo todo a John.

O que estou querendo dizer, é que, uma vez que se comece a analisar alguma coisa e examiná-la, as relações começam a aparecer, e as coisas tendem a juntar-se. Porque tudo tende a juntar-se, e o resultado depende da sua abordagem. Se você examina tudo com uma atitude negra, por exemplo, tudo fica negro.

E essa idéia de Paul Está Morto? Falou-se nisso durante um tempo. A gente ia realizar uma sessão de fotografia, e foi na época em que Linda e eu começamos a ficar firmes. Era um dia quente em Londres, um belo dia mesmo, e acho que coloquei sandálias. Só precisava dobrar uma esquina até o cruzamento, porque morava bem perto. Estava de sandálias, e devo ter tirado para as fotografias.

Linda — Não, você estava descalço.

McCartney — Estava descalço. Isso mesmo. E daí? Descalço, num dia quente, não tive vontade de colocar sapatos. Apareci para fazer as fotografias, e mostrei meus pés descalços. Quando a capa do disco saiu, as pessoas começaram a estranhar, e perguntar: "Por que ele está sem sapatos? Ele nunca fez isso antes." Muito bem, você não me viu fazer isso antes, mas a verdade é que era apenas eu sem sapatos. Acabou virando um velho símbolo de morte na Máfia, ou algo parecido.

Depois veio a história daquele pedaço-que-a-gente-tocava-ao-contrário. Como eu disse, nove entre dez vezes não é nada. Tome o final do *Sgt. Pepper*, por exemplo, tocado ao contrário: *We'll fuck you like Supermen* (Vamos foder vocês como superhomens). Algumas fãs estavam rindo à minha porta. Eu disse: "Oi, o que vocês querem?". Elas responderam: "É verdade, aquele pedaço no fim? É verdade? Vamos foder vocês como superhomens?" Respondi que elas deviam estar brincando, e que não tinha escutado, mas ia escutar. Entrei, depois de falar com elas, e toquei o trecho, desligando o motor do toca-discos, e empurrando para trás com o dedão. E com certeza, lá estava. "We'll fuck you like Supermen." Pensei: "Meu Deus, o que se pode fazer?"

Gambaccini — *E então apareceu* I buried Paul *(Eu enterrei Paul).*

McCartney — Isso não era "I buried Paul" de jeito nenhum, era John dizendo "cranberry sauce"(molho de uva-do-monte). No final de *Strawberry Fields Forever.* Era o humor típico de John. John às vezes dizia algo fora de sincronismo, como "cranberry sauce". Se a gente não percebe que John era capaz de dizer molho de uva-do-monte quando tinha vontade, começa a escutar essa palavra estranha, depois pensa: ahá!

Gambaccini — *Quando você estava vivo e presumivelmente morto, o que pensava?*

McCartney — Alguém do escritório me telefonou, e disse: "Você está morto, Paul". "Não concordo com isso", respondi. Eles disseram: "O que vai fazer a respeito? É um boato enorme, estourando nos Estados Unidos. Você está morto!" Pensei e achei melhor deixar como estava. Provavelmente é a melhor publicidade que já tivemos, e não preciso fazer nada, a não ser ficar vivo. Então consegui sobreviver à essa fase.

Algumas pessoas vieram e pediram para me fotografar para provar que eu não estava morto. Por coincidência, nessa época eu cultivava a velha imagem Beatle, exagerando um pouco o que sentia, deixando a barba crescer e não ligando muito para parecer asseado e limpo. Eu tinha uma aparência diferente mesmo, mais relaxado, então eu escutava pessoas se aproximando e dizendo: "Você não é ele!" Eu respondia: "Sou sim, mas entendo o que estão querendo dizer. Não pareço com ele, mas podem acreditar em mim."

Gambaccini — *Você supostamente seria Billy Shears, segundo uma das teorias.*

McCartney — Ringo é Billy Shears. Definitivamente. Isso era apenas na produção do *Sgt. Pepper.* Aconteceu que sonhamos com Billy Shears. Era uma rima para "years", em "band you've known for all these years... and here he is, the one and only Billy Shears" (A banda que vocês conhecem há tantos anos... e aqui está ele, o primeiro e único Billy Shears). Pensamos que aquele era um ótimo nome curto, tipo Eleanor Rigby, um nome com grande carisma, e levava à faixa de Ringo. Portanto, no que nos diz respeito tratava-se apenas de um recurso para emendar a próxima música.

Gambaccini — *No filme* A Hard Day's Night (Os Reis do Ié Ié Ié) *estavam todos os estereotipos... se a gente lembrar de John, o pensador, Ringo, o loner, Paul, o happy-go-lucky. Tem alguma objeção a isso?*

McCartney — Não, não me importo. Ainda não me importo. Eu estava num filme. Não me importo como me apresentem. O que me interessa é só fazer o trabalho no filme. Se o filme exige que eu seja um sujeito alegre, ótimo. Serei um sujeito alegre.

Parece que não estava no meu papel parecer mais que os outros. Sempre fui conhecido entre os Beatles como aquele que senta todos os repórteres e diz: "Oi, como vão vocês? Aceitam uma bebida?", deixando todos à vontade. Acho que sou assim. Em minha família somos assim, portanto eu estava acostumado a ser assim, basta ser um pouco mais educado do que normalmente, porém sem perder a consciência de que se está falando com a Imprensa... A gente quer uma boa matéria, não quer? Então não faz sentido tratar mal os caras.

Mas não tenho vergonha de nada do que já fui. Gosto da idéia de fazer alguma coisa e se acabar ficando *sloppy* ao longo dos anos, eu digo: "*Sloppy.* E daí?" Acho que a maior parte das pessoas curte. A gente escolhe pessoas vivendo em Queens, ou vamos dizer, Red Creek, Minnesota, e eles mesmos estão *wiped out*... pessoas comuns. Uma vez que se começa a criticar, as pessoas analisam a gente e você começa a se analisar, e pensa que foi apanhado; começa a se recriminar por não ter mostrado uma imagem mais esperta... porque não fui um pouco mais rude? Não sou rude na verdade. Também não sou bonzinho, mas não me importaria em ficar no meio. O conselho de meu pai: "Moderação, filho." Todos os pais do mundo aconselham moderação. (Linda ri histericamente ali por perto.)

Gambaccini — *Os pais inglêses não são diferentes...*

McCartney — Não, são exatamente iguais. Meu pai poderia ser o estereótipo do pai americano. Mas ele é um bom sujeito. Gosto dele.

Vou dizer uma coisa. Acho que muita gente preocupada com esse tipo de coisa não possui um bom ambiente na família, o que as torna amargas. Muito bem, no dia-a-dia a vida acontecem várias conversas educadas... não se gosta de todo mundo que se encontra, mas a gente tenta e se dá bem com as pessoas, sabe como é, não adianta deixar todo mundo nervoso; pelo menos a maior parte das pessoas.

Para mim sempre funcionou assim. Quero dizer, não vejo nada errado com isso. Por que deveria agredir as pessoas? Na verdade, não gosto de tudo o que John fez. Mas tenho certeza que ele agora não gosta.

Gambaccini — *Conversou com ele sobre isso?*

McCartney — Não, mas conheço John e sei que a maior parte era apenas para ser publicado nos jornais. Ele estava nessa fase, e quis dizer tudo aquilo. Pensando nisso agora, se ele não se arrepender propriamente, tenho certeza de que não queria dizer tudo aquilo. Quero dizer, ele disse coisas como me comparar a Engelbert Humperdinck. Sei que ele não acredita nisso. Na Imprensa, eles queriam mesmo que eu revidasse e eu costumava me irritar com sujeitos que chegavam até mim e diziam: "Essa foi a última coisa que John fez. Qual sua resposta?" Coisas maldosas. Se não fossem, eu responderia, mas acredito em ficar calmo com esse tipo de coisa, até passar. Não acredito que se alguém bate em você, é preciso revidar para provar que se é homem. No final, é com calma que se ganha.

Gambaccini — *Qual foi sua reação quando leu as matérias pela primeira vez?*

McCartney — Eu detestei. Você pode imaginar, eu sentei e devorei cada parágrafo, cada frase. Será que ele acha mesmo isso de mim? pensei. Sou eu mesmo, ele conseguiu me captar. Sou assim; um bosta. Sentei e fiquei achando que não era nada. As pessoas que me curtiam como Linda, disseram: "Você sabe que isso não é verdade. Ele está despeitado, cara; está tentando mexer com você." Aos poucos comecei a achar que não era verdade. Não sou como Engelbert; não componho apenas baladas. Isso me fez continuar; mas na época machucou de verdade. Bem fundo.

Gambaccini — *Poderia compor com John outra vez?*

McCartney — Qualquer coisa pode acontecer. Gosto

de compor com John. Gosto de compor com qualquer um que seja bom.

Gambaccini — *A excursão dos Wings em 1972 foi a primeira vez que saiu em seis anos, não foi?*

McCartney — Foi.

Gambaccini — *Você tinha intenção de fazer um intervalo tão grande?*

McCartney — Não, não. Com os Beatles realizamos uma grande excursão nos Estados Unidos, e acho que George e John não estavam agüentando. Eu pensei que não poderíamos desistir de tocar ao vivo, seria loucura.

Mas fizemos um espetáculo que eu realmente detestei, e depois acabei concordando com eles.

Gambaccini — *Onde foi esse show?*

McCartney — Em algum lugar dos Estados Unidos, não consigo lembrar exatamente onde. Estava chovendo, e tocávamos embaixo de uma enorme cobertura que não inspirava muita confiança, e todos achávamos que íamos tomar choques e coisas desse tipo. Saímos de lá num grande caminhão depois, e lembro de estar sentado na traseira dizendo: "Que diabo, eles têm razão, isso é estupidez."

Portanto sabíamos que iríamos desistir de nos apresentar, mas não queríamos parar e fazer um anúncio oficial, portanto ficamos na nossa e não saímos mais. Quando as pessoas perguntavam, respondíamos: "Oh, vamos sair outra vez", mas na verdade não acreditávamos nisso. Gravamos muita coisa, ninguém sentiu necessidade de sair e tocar junto.

Lembro no final dos Beatles, de pensar que seria bom eu sair com algum grupo de country e western. Cantar todos os dias deve melhorar a voz um pouco. Shows ao vivo têm muito a ver com música. Pelo menos você sai daqui...

Gambaccini — *Na sua entrevista em Oxford você mencionou que sua filha de quatro anos gostava dos Osmonds. Linda diz que a dez anos já não está tão ligada neles...*

McCartney — É verdade...

Gambaccini — *Mas fiquei sabendo que encontrou os Osmonds em Paris, o que foi uma situação incomum. Deve ter sido um impacto tão grande para eles encontrar você,*

"Gosto muito de talentos instintivos. E o rock é isso. Música instintiva."

quanto o de sua filha de quatro anos ao conhecê-los.

McCartney — Um verdadeiro bolo de camadas de gerações.

Gambaccini — *Enquanto falamos, três dos seis primeiros lugares aqui (na Inglaterra) pertencem a eles, o que significa a maior presença nas paradas de um grupo apenas desde 1964.*

McCartney — Eles são muito apreciados aqui pelos compradores de discos, que na Inglaterra são os mais jovens.

Gambaccini — *Com sua experiência pessoal, acha que eles podem entender o quanto significam para o público?*

McCartney — Claro que podem. Acho que Little Jimmy talvez saiba menos do que os outros o que está acontecendo, mas eles sabem. Eles possuem aquele tipo de sentimento familiar de profissionalismo, que funciona. Estão fazendo isso há anos. Apresentaram-se no Andy Williams Show, e eles entraram na estrada. Sabe, Little Jimmy tem uns oito anos de idade, mas já é um profissional. Tem a bagagem de um cantor experiente.

Gambaccini — *Quando você estava na posição deles, sentia um certo senso de responsabilidade, ou sentiu que o mundo estava enlouquecendo?*

McCartney — Não, não. Éramos um grupo que tentava o sucesso há muito tempo. Quando se está lutando para chegar ao topo, o maior impacto é quando se está chegando. Não se pensa que o resto do mundo enlouqueceu; a gente pensa que é ótimo eles gostarem tanto de você, e vem a consciência de que se vai descer mais tarde. É tudo o que penetra na cabeça da gente. Acho que até mesmo Little Jimmy pensa: "Ei, cara, isso é ótimo! É chocante!" Sabe como é? Ele adora. E é mesmo a melhor parte.

Quando se começa a pensar muito sobre tudo isso, pode-se fazer tantos raciocínios binários, que a gente acaba não gostando, que é o único problema real. Quando você não gosta do que faz, começa a piorar. Sempre pensei, que ótimo, o conjunto é ótimo, e as garotas gritando são fantásticas, fabulosas, e todo mundo está se divertindo. Basicamente era isso.

Gambaccini — *Agora que tem o seu visto dos Estados Unidos, acho que os boatos vão recomeçar. Vai haver algum tipo de reunião dos Beatles?*

McCartney — Bem, queria dizer em relação à reunião dos Beatles, da forma que éramos, que não acredito que isso vá acontecer de novo. Acho que agora cada um está interessado em suas pequenas questões pessoais. Gostei da forma que fizemos *Band on the Run.*

Por um lado, quero dizer que estou orgulhoso — embora não goste dessa palavra, porque dá a impressão de... bem, ex-combatentes costumam dizer "orgulhoso de meu país", se entende o que eu digo. Mas vou usar a palavra assim mesmo. Estou orgulhoso da fase dos Beatles. Foi ótimo e concordo com as pessoas que encontro na rua e dizem que demos tanta felicidade a tanta gente. Não acho que tenha sido exagerado. Na época, obviamente as coisas passam; não se pensa muito no significado. Claro, como não; e a gente aperta a mão estendida, ou seja lá o que for.

Mas eu curto como louco tudo aquilo, e acredito que levamos um bocado de felicidade para a época. Portanto estou orgulhoso dessas coisas, e não gosto de ver meu passado enxovalhado. Gostaria de ver mais cooperação... se as coisas vão bem, se permanecerem calmas, gostaria de fazer algum trabalho com eles; tenho muitas idéias na cabeça, mas não gostaria de contar a você antes de discuti-las com eles. Não poderíamos ser os Beatles voltaram, mas existem coisas, pequenas ventures que poderíamos reunir, numa ajuda mútua a todos nós; coisas que as pessoas gostariam de ouvir.

Eu não iria dirigir tudo, esse é um dos pontos no qual eu gostaria de insistir. Mas estou pronto. Uma vez que acertemos os detalhes comerciais — fizemos um bocado de dinheiro, claro, e nada foi útil, ao final. Virtualmente, a história é essa. Eu gostaria de tentar salvar um pouco, para que tudo não se perca completamente.

No meio de toda essa amargura, eu tenho tendência a pensar como John um pouco: "Ah, os Beatles... blé! Uma porcaria." Mas não acho que tenha sido. Acho que foi ótimo. Gostaria que as coisas esfriassem e voltassem à antiga grandeza, que concordemos ter sido bom, e de alguma forma dar continuidade. Não consigo ver os Beatles se reunindo — existem coisas que podemos fazer sem alarde e produzir algum tipo de seqüência. Não acho que ninguém vá desistir de seu trabalho individual a essa altura; todos estão se dando bem.

Gambaccini — *Consideraria o disco de Ringo um exemplo desse tipo de cooperação?*

McCartney — Sim, mas penso em algo mais do que isso. Penso que é um início. Isso mostra o que alguém pode realizar se pedir. Foi tudo o que ele fez. Ele simplesmente pediu a todos nós. O que gosto é isso. Ninguém disse: "Não, faça o seu próprio disco." Se é tão fácil, então muitas coisas podem ser feitas no futuro. Eu gostaria de ver coisas boas realizadas.

A Maçã Apodrece: Eu Te Processo, Você Me Processa.

Gambaccini — *Nos Estados Unidos, o álbum de antologia* (Beatles 1967-70) *e* Red Rose Speedway *estiveram disputando o primeiro lugar. Você estava substituindo a você mesmo. Achou estranho?*

McCartney — Achei bom, ao invés de estranho, porque obviamente a grande pergunta depois do rompimento dos Beatles, foi, e ainda é: "Será que individualmente são tão bons como quando conjunto?" A resposta na mente das pessoas, é: "Não." Porque o conjunto era tão bom.

Gambaccini — *Ficou contente com o lançamento das antologias pelo registro histórico, ou para acabar com a pirataria?*

McCartney — A pirataria foi um dos motivos. Não me interessei muito por elas, na verdade. Ainda não escutei. Sei o que contêm porque já ouvi tudo antes. Não me interessei muito por causa do problema da Apple com Klein. A coisa toda era de enjoar o estômago. Os quatro ex-Beatles concordam plenamente nisso. Todos querem a situação resolvida para que possamos ser mais amigáveis uns com os outros.

Gambaccini *— Houve um processo recentemente, dos outros três contra Klein.*

McCartney — Adorei isso. Meu Deus, espero que ganhem dessa vez. Isso é ótimo. Apesar de tudo que aconteceu, todos os conflitos pessoais, o motivo porque fiz o que fiz, especificamente processar os outros três, foi não ser possível processar diretamente Klein, que era o que eu gostaria de fazer. Levei meses para me recuperar disso. Eu ficava dizendo que não podia processar os outros três, porque é difícil processar pessoas de quem se gosta. Não interessam os outros problemas pessoais que aconteciam, John escrevendo músicas sobre mim e tudo isso, ainda acho que a coisa mais certa a fazer não seria processá-los. Mas na verdade acabou se tornando a única maneira de parar Klein, portanto tive de fazê-lo.

Então tudo começou a aparecer... que Klein convenceu George — Não sei quanto disso é libelous

Gambaccini *— Nossos advogados vão retirar tudo o que seja libelous.*

McCartney — Klein conseguiu penetrar na grande companhia composição de George, o grande patrimônio dele. O principal foi a música "Something", que apareceu em Abbey Road. Essa foi a grande música de George, o primeiro grande esforço, e todos se juntaram; foi muito bom e ele ganhou um monte de dinheiro para que ele pudesse dar, que é o prazer dele. Foi ótimo para ele. Bem, pois acontece que Klein entrou na companhia. Não apenas pagou 20% (A percentagem que Klein alegava ter por Abbey Road)... existe um boato agora: parece que ele está reclamando a propriedade de toda a companhia!

São as coisas malucas que acontecem com a gente. A única coisa boa que restou, foi o sentimento de que eu não estava errado. Eu teria me sentido mal se estivesse errado, e o sujeito fosse mesmo bonzinho todo o tempo, e eu tivesse metido o nariz onde não fui chamado, como o roto falando do esfarrapado. Mas acontece que ele era o tipo de homem que acredita em possuir tudo, ao invés de deixar os artistas possuírem alguma coisa, e aplicarem onde quiserem, que é minha idéia.

Gambaccini — *Ele uma vez foi citado por uma revista de Nova York, dizendo que ia engolir você no tribunal.*

McCartney — É, mas ele nunca chegou nem perto disso, sabe, e isso é gostoso. Não chegou perto o suficiente para me fritar. O celerado!

Gambaccini — *Você disse que precisou processar os outros três para se aproximar de Klein. O que Klein estava fazendo que o obrigasse a agir legalmente?*

McCartney — Basicamente eu estava sob vigência de um contrato antigo. Eu precisaria sentar, *lump him*, e deixar que ele fosse meu empresário, o que eu não queria.

Portanto, me disseram que eu podia processá-lo. Eu disse: "Otimo, vamos processá-lo, então." Então responderam: "Só que existe um artifício, você precisa processar a Apple", o que significava processar os outros três. Fiquei muitos meses pensando sobre isso. Não posso fazer isso, pensei. Não que eu me afastasse dos outros. Sempre os encontrava, e ficava pedindo para me deixarem sair. Eles respondiam que não, que Allen alegava que iria gerar complicações fiscais. Eu dizia: "Não estou nem aí com as complicações fiscais, deixem que eu saia e depois me preocupo com meus impostos. Não quero ser um produto da ABKCO-Manager Industry." Achei esquisito, quando vi os dizeres: "Uma companhia ABKCO" em meus discos. Ele nem era meu empresário.

Da forma como as coisas aconteceram, foi o melhor, porque todo o dinheiro ficou paralisado por algum tempo, o que permitiu que as pessoas pensassem sobre o assunto.

Ele possui um dom especial para convencer os outros. Utiliza as entrevistas, como a da revista *Playboy*, e provavelmente vai pedir uma entrevista na *Rolling Stone*, depois que a minha for publicada. Mas ele não passa de um escroque treinado de Nova York. John disse: "Qualquer um cujo disco é tão ruim assim, não pode ser má pessoa." Mas isso era o besteirol Lenniano, que John usava às vezes; foi tolice. Klein

já fora condenado em dez *counts of income tax* (Criminal docket 66-72 of US District Court, Southern District of New York, mostra um Allen Klein declarado culpado em 29 de janeiro de 1971, em dez counts) Minhas costas estavam protegidas. Não tenho orgulho disso. Mas precisava ser feito. Para ele, os artistas eram dinheiro. Para mim, são mais do que isso.

Gambaccini — *Se Klein foi o grande motivo para o rompimento da Apple, acha que sem ele teriam surgido outras dificuldades?*

McCartney — Acho que outras dificuldades surgiriam. Se os Eastman tivessem entrado como eu queria, os outros ficariam com medo que eu tentasse prejudicar todos a favor dos Eastman. Teria sido difícil os outros aceitarem, desde que os conheço bem. Mas eles não pretendiam prejudicar ninguém. Dizem as pessoas são do mesmo jeito nos negócios, mas isso não é verdade.

Gambaccini — *Pensando em James Taylor e alguns dos outros artistas da Apple, acha que a Apple foi uma boa idéia para eles?*

McCartney — Acho que a idéia da Apple foi ótima. O que aconteceu é que um negócio precisa ser bem gerenciado. A gente recebe documentos, contas, direitos autorais, e todo o tipo de papel, que precisa ser tratado com cuidado, ou as coisas se perdem, e os contadores têm grande dificuldade para elaborar os livros.

A Apple era unida de muitas formas. Embora ele não tenha sido tratado muito bem, estava na hora de James Taylor gravar o primeiro disco. Acho que foi uma vergonha processá-lo depois, mas acredito que tenha sido por instigação de Klein, e da lábia dele. Ele diz: "Muito bem, vamos pegar esse miserável. Ele largou a gente e agora é um sucesso. Vamos processar o cara, temos o contrato dele."

Mas ainda penso em todos os discos que saíram dali. Billy Preston, James Taylor, Badfinger, Mary Hopkins, e todos que gravaram conseguiram bons discos. Mesmo George, com o *Radha Krishna Temple*, produziu um ótimo material. Não acho que se possa culpar a parte de produção artística. De uma forma geral, acho que obtivemos muito sucesso.

A falha principal foi que tí-

Paul durante os ensaios de *Ram*.

nhamos muitas cabeças e poucos homens de negócios, o que era muito agradável, só que devia haver um homem ali para nos fazer assinar papéis. Admitimos um sujeito que começou a dizer, vamos lá, assinem tudo em meu nome. Foi nosso erro fatal.

Outro dia, quando eu ia fazer um espetáculo no rádio, na entrada, veio um cara perto de mim e disse: "Oi, Paul". Eu sabia que conhecia ele de algum lugar. Tinha cerca de cinqüenta anos, meia-idade, e pensei o que será que ele queria comigo, em dúvida. Ele colocou um pequeno pedaço de papel na minha mão, e disse: "Não quero envergonhar você, Paul, tenho certeza que sabe tudo sobre o assunto, mas preciso fazer meu trabalho." Uma mulher, três filhos, tudo isso. Continuei, resmungando, e li o pedaço de papel: "ABKCO vem por meio desta processar você, John, George e Ringo e todas as companhias às quais estão ligados..." havia ali companhias das quais eu nunca ouvira falar. "...exigir uma indenização de 20 milhões de libras." Essa era a última linha.

Não estou cometendo falta de modéstia ao me comparar com Van Gogh, ou com os maiores do mundo artístico, mas é apenas continuação dessa história. Toda a idéia de que quem produz a obra artística não receber os lucros é uma coisa nova. Acredito que seja uma piada, nos processando com uma tamanha quantidade de dinheiro. É que de alguma forma ele acredita que nos possue. A ironia nessa história toda do Klein, é que existe um documento-chave, que eu nunca cheguei a assinar; senti um certo alívio por estar fora dessa.

***Gambaccini** — Linda mencionou a afirmação de Lew Grade, de que ela não sabia compor.*

McCartney — Essa era velha. Nessa época tínhamos processos correndo por todos os lados; George compôs *Sue Me, Sue You Blues* sobre o assunto. Eu comecei tudo, tendo de processar os outros três Beatles na Corte Suprema, e foi isso que abriu a caixa de Pandora. Depois disso, todos começaram a processar os outros.

Entretanto, Lewis Grade que pagara uma pequena fortuna pelos direitos da minha parceria com John, percebeu que eu passara a compor metade do meu material com Linda, e que ela tinha direito a cinqüenta por cento, não interessa se era uma compositora famosa ou não. Não acho que fosse importante. Acho que, não interessa qual seja o método de colaboração, se a pessoa me ajuda a compor, deve receber uma porção do lucro. Acho que na época, pensaram: "Olhe aí, estão querendo dar o golpe, para receber uma parte maior", o que correspondia à verdade. Então eles jogaram uma quantia enorme dessas na nossa cara, não lembro direito porque.

Escrevi uma longa carta para Sir Lew Grade, perguntando se ele não achava que eu devia ter o direito de fazer isto ou aquilo, dizendo que achava ele legal, e perguntando por que ele tinha de me processar. Ele respondeu de uma forma bem racional. Não posso lembrar exatamente o conteúdo, mas foi uma carta muito simpática. Lew é uma pessoa legal.

Gambaccini — *Você fez um show de televisão para ele* (James Paul McCartney).

McCartney — Fiz sim, depois de tudo acabado. Todos os processos já tinham terminado (morde a língua).

Gambaccini — *Seus dois maiores trabalhos para a televisão foram* James Paul McCartney *e* Magical Mystery Tour. *Como foram concebidos?*

McCartney — *O Magical Mystery Tour* foi concebido em Los Angeles. Num avião. Eles entregam aqueles enormes cardápios, e eu apanhei uma caneta para desenhar ali, e tive essa idéia. Na Inglaterra eles tem excursões chamadas Mystery Tours. Alguém chega e compra um bilhete, que vem a ser mágico... bem, a idéia do espetáculo é que fosse relmente uma viagem mágica.

Fiz alguns esboços eu mesmo, e todo mundo pensou em mais alguma coisa. John pensou em algo, e George pensou numa cena, e fomos construindo a coisa. Depois alugamos um ônibus, escolhemos alguns atores, colocamos todos lá dentro, e dissemos: "Muito bem, ação!" Uma coisa nada ortodoxa.

No *James Paul McCartney* fui procurado por essas pessoas que desejavam fazer um belo programa, e me disseram para fazer como quisesse. Parecia uma boa oportunidade para *get in the telly.* Foi feito assim. Encontramos o sujeito quando fomos ao Marrocos. Estávamos em férias, ·e nos sentamos ao redor da piscina, conversando sobre várias idéias. Voltamos para a Inglaterra e filmamos.

Gambaccini — *Ficou chateado por* Magical Mystery *Tour não ter passado nos Estados Unidos?*

McCartney — Na época, pensei: "Que se dane", mas começou a ser algo como *O Selvagem*, com Marlon Brando... na época não podia ser liberado. O interesse veio depois. O interesse começou a crescer, como se *Magical Mystery Tour* se tivesse tornado... um pouco mágico. Como o Rock and Roll Circus dos Stones. Você sabe o que aconteceu, quero dizer, "Preciso ver isso". No final tudo funcionou bem. É preciso ser paciente. Coisas assim acabam produzindo bons resultados. Acho que foi um bom programa. Ainda virão dias melhores.

Gambaccini — *Houve uma reação interessante a* James Paul McCartney. *Várias pessoas gostaram de algumas partes do programa, mas não gostaram de outras.*

McCartney — Posso entender isso. Sabe, acho que muitas pessoas acham que poderíamos ter feito mais... ter feito um espetáculo melhor. Foi um pouco "desconexo". Esse foi um comentário comedido, mas recebi muitas cartas de pessoas, sabe, pessoas mais idosas, como por exemplo de Red Creek, Minnesota, dizendo: "Ei, cara, curti o show."

Gambaccini — *George (Harrison) chegou a convidar você para o Concerto Beneficiente de Bangla Desh?*

McCartney — George me convidou, e preciso confessar que os problemas não foram apenas com os passaportes. Na época, acontecia o episódio da Apple. Quando os Beatles romperam, pensei a princípio: "Muito bem, acabou, portanto não faz muito sentido mexer mais com esse assunto." Então George apareceu e perguntou se eu queria tocar em Bangla Desh; pensei, que diabo, qual a vantagem? Acabamos de romper e vamos tocar juntos outra vez? Parecia um coisa maluca.

Muitas coisas estavam acontecendo naquela época, a maioria das quais já esqueci. Eu estava aborrecido de verdade. "Não vou fazer isso se ele não me liberar do contrato." Ou algo assim. Por muitos anos continuaram os problemas, porque os outros três achavam que não podiam simplesmente rasgar os contratos de parceria. Eu achava muito estranho, já que tínhamos terminado o grupo, que esse pedaço de papel continuasse valendo. Estávamos todos presos a ele e eu queria rompê-lo e eles diziam: "Não podemos, os impostos." Klein aconselhava: "Não podem fazer isso, rapazes, precisam ficar juntos", e acho que sei o que ele tinha em mente. Ele dizia aos outros que era impossível, por causa dos impostos, e outras coisas assim.

Havia um bocado disso, e muita coisa do que eu disse foi por amargura com a situação. Pensei: "Isso é loucura, ninguém gosta de mim o suficiente para me liberar, para que eu pegue minha parte e saia." Era um pouco olho-por-olho-dente-por-dente, se você não fizer isso para mim, eu não faço aquilo para você. Agora tenho a tendência de encontrá-los apenas para tratar de negócios. É um pouco daft hoje em dia. É por isso que quero terminar esse assunto.

Gambaccini — *Lee (Eastman) disse que o show que você fez para a Phoenix House foi parte do acordo para obter seu visto.*

McCartney — O único fator é a dependência de manter o grupo unido. O pessoal da Phoenix House me ajudou a entrar. Foi uma boa causa. Fomos ver uma das casas na parte Leste do Harlen. É fantástico. Eu não estava esperando muito, pensei que fosse deprimente. Mas é um lugar muito bonito. Existe muito amor ali. E não é um tipo de coisa estatal; existe disciplina, mas disciplina que vem do amor. Dessa forma, ninguém se importa com a disciplina. Se você simplesmente começa a dar ordens, um bocado de garotos acham difícil entender. Mas são muito solidários agora. É um ótimo lugar. Qualquer um que tenha dificuldade com drogas, pílulas, coisas pesadas, seja o que for, deveria dar uma olhada na Phoenix House.

Gambaccini — *Qual foi a reação das crianças quando você entrou lá?*

McCartney — Foi ótima. Apertei as mãos deles. Havia um sujeito nos instruindo sobre as reuniões, como consertaram sozinhos os banheiros... eles são orgulhosos do que fazem, porque são pessoas que quase puseram tudo a perder. Conseguiram, e muitos deles parecem capazes de continuar, com sua força suficiente.

Gambaccini — *Você gostaria de ir para os Estados Unidos numa grande excursão programada, ou pequena, como suas excursões às universidades.*

McCartney — Uma excursão grande. Acho que se for aos Estados Unidos, não posso fazer as coisas pela metade. Acho que não poderia, pelo menos. Acredito estar pronto para uma excursão de grandes shows, agora, embora seja difícil imaginá-la nesse momento.

Vida Com a Família: Sr. & Sra. McCartney

McCartney — Linda e eu nos conhecemos em um clube de Londres, chamado Bag o'Nails, o que era um bom nome na época de seu apogeu em Londres. Ela estava com alguns amigos. Acho que estava com Chas Chandler e outras pessoas, e eu também estava acompanhado, incluindo um sujeito que trabalhava em meu escritório. Eu no meu reservado e ela no dela, um olhando para o outro. Georgie Fame tocava naquela noite, e ambos gostávamos de Georgie Fame.

Gambaccini — *Quando percebeu que desejava casar com ela?*

McCartney — Cerca de um ano mais tarde. Os dois achamos uma loucura na época, mas também achamos que seria legal. Linda tinha algumas dúvidas, porque fora casada e não pretendia se estabelecer. De uma certa forma, ela acha que o casamento tende a estragar as coisas. Mas nós dois gostávamos o suficiente um do outro para fazê-lo. Agora estamos contentes por ter casado. É ótimo. Adoro.

Gambaccini — *Algumas das críticas nas primeiras apresentações dela perguntavam de onde ela tinha vindo.*

McCartney — É. Bem, a resposta é: de nenhum lugar.

Gambaccini — *Mick Jagger fez essa afirmação. Ele não deixaria sua...*

McCartney — ...patroa entrar no conjunto, eu sei. Foi compreensível na época, porque ela deu a impressão de vir do nada. Para a maior parte das pessoas, ela não passava de uma garota. Achei que ela seria a maior ajuda para fazer um disco, só isso. Estava a meu lado todos os dias, ajudando com a harmonia e toda essa parte.

É como quando se compõe milhões de canções de amor, e finalmente se fica apaixonado, com o desejo de fazer uma música para a pessoa que se ama. Portanto, essa história com Linda no começo foi uma maneira de dizer: "Escute, não me importo com o que vocês pensam, eis o que eu penso. Estou colocando ela a meu lado."

Mais tarde pensamos que talvez tivesse surtido mais efeito se não a tivéssemos apresentado tão de repente. Talvez algo um pouco mais ao sabor do mundo dos espetáculos: "Senhoras e senhores, gostaria de apresentar minha cara-metade. Ela não é uma gracinha?"

Mas acabou não importando de forma nenhuma. Na época talvez tenha sido um pouco desagradável para ela. Nenhum de nós percebeu quanto... é como alguém casando com Mick, não se percebe... a gente sabe quantos fãs a odeiam. Mas no final a vida é minha vida. Conheço muitos astros de rock que regulam a vida particular com a imagem. Isso pode complicar um bocado a vida da gente. Conheço muitos caras da velha guarda que não se casavam, mesmo que desejassem fazê-lo. Não se casavam porque acreditavam que isso afetaria suas carreiras. A velha máxima dos empresários: "Você não pode se casar, suas fãs vão abandoná-lo." E o sujeito não se casa.

Mas a verdade é que em poucos anos a carreira dele termina de qualquer forma. E ele não se casou, estragou tudo. Pois eu, não. Embora não quisesse estragar minha carreira, achei mais importante continuar vivendo. Continuamos e fizemos o que achávamos certo. Uma parte pode ter parecido agressiva com algumas pessoas, mas no final não importou. A gente continua em frente.

Gambaccini *— Seus amigos músicos ficaram a seu lado na época, ou foi muito difícil? Ou tinha tantos amigos que não se importou?*

McCartney — Lembro de Ringo perguntando-se uma vez: "Quantos amigos eu tenho?" Ele não conseguiu contar todos numa só mão. É isso que atinge a gente. Podemos ter milhões de amigos, mas quando alguém pergunta quantos amigos se tem, depende de se responder com honestidade. Não acho que tenha muitos amigos. Ninguém veio contra mim, ou coisa parecida; eu simplesmente me isolei um pouco. É uma daquelas coisas. Tínhamos acabado de nos conhecer. Somos os dois muito românticos, e não quisemos mesmo sair com ninguém mais.

Gambaccini — *Você sempre volta a Liverpool?*

McCartney — Visitamos a cidade para nos manter atualizados com o que ocorre em Liverpool. As raízes da minha família estão lá, nossos filhos adoram o lugar, e meu irmão ainda mora lá. Na verdade vamos fazer um disco com ele em janeiro.

Gambaccini — *Vai ser lançado como um disco Mike McGear?*

McCartney — Isso mesmo. É um disco de canto. Ele desistiu do humorismo por enquanto. Vamos gravar no Strawberry Studios em Stockport. Vamos tocar de ouvido, é o disco de Mike.

Gambaccini — *É difícil para as garotas, serem suas filhas?*

McCartney — Acho que não, não vão ter problemas por causa disso. Mas às vezes é engraçado. Lembro de estar sentado em um campo, e Heather levava Mary e o bebê num pônei. Mary disse para mim: "Você é Paul McCartney, não é?" Quando ela fala normalmente comigo, me chama simplesmente de papai. Quando existe companhia por perto, ela sabe que sou Paul McCartney.

É gostoso ter apenas filhas. Se tivéssemos um filho talvez fosse mais difícil para ele, como com Frank Sinatra Jr. Todos presumem que ele saiu ao pai. No momento, não há muito por que se preocupar com as garotas.

Gambaccini — *Ficou assustado com o lançamento de* McCartney, *porque era sua estréia, e a primeira canção was pegged a você?*

Linda — Não. Eu não levei tão a sério quanto deveria. Acho que era um procedimento normal na época pichar todo mundo. Todos eram criticados, inclusive os Beatles. Pessoalmente, não percebi que a gente precisa se explicar um bocado, uma vez que se fica exposta ao público. Eu simplesmente continuei levando minha vida normal em Nova

York, e todos me picharam. Mas não chegou a me deprimir.

Gambaccini *— Acredita que qualquer sra.* McCartney *naquela situação seria criticada?*

Linda — Acredito que naqueles dias, sim. Havia muita confusão para todos, não provocada por uma pessoa em particular, e todos estavam sendo culpados. Ainda não consigo ver as coisas como sendo a sra. *McCartney.* Entende o o que digo? Ainda me vejo como a pessoa que sempre fui, goste de mim ou não. Paul gosta. (Risos).

Gambaccini *— E levantou em sua defesa contra as críticas.*

Linda — Ele morava comigo, sabia que sou uma boa garota, sabe que não tenho maus motivos. Não sou oportunista, nem nada parecido. Ele não teria casado comigo se eu fosse assim. Então me defendeu.

Li coisas bizarras sobre a minha pessoa. As pessoas sobre minha vida e sobre Yoko desde a infância até agora. A maior parte era pura fantasia; nada daquilo aconteceu, pessoal.

Gambaccini *— Ao contrário de John, que partiu para uma carreira solo, Paul buscou um conjunto.*

Linda — John na verdade não partiu para uma carreira solo, pois teve a Plastic Ono Band. Mas Paul é uma pessoa que gosta de trabalhar em grupo. Não gosta de trabalhar sozinho. Geralmente fica nervoso. Gosta de trabalhar com outras pessoas, recebendo e transmitindo estímulos. Gosta de ajudar as pessoas.

Gambaccini *— Já pensou alguma vez em gravar um disco sozinha?*

Linda — Não, o Grande Solo de Linda McCartney? Não. Eu engano com as músicas que componho, mas não levo minha carreira a sério.

Gambaccini *— Você tem um lançamento de trabalho próprio?*

Linda — Tenho. Fiz uma música, *Seaside Woman*, logo depois de ter visitado a Jamaica, três ou quatro anos atrás, acho. Bem ao estilo reggae. Foi quando a ATV escreveu que eu era incapaz de compor, portanto Paul disse: "Componha uma música." Cerca de uma semana atrás fomos atrás de um lado B, usando algo que eu compusera na África, e conversamos sobre o assunto. Parece muito com o R & B dos anos cinqüenta, o som do Doves, os Penguins. Adoro esse som, a era desse som. Sou muito Nova York. Alan Freed e tudo o mais.

Vamos lançar o compacto com o nome de *Suzi and the Red Stripes*. Quando estávamos na Jamaica, havia uma versão incrível de *Suzi Q*, que eu cantava, e passaram a me chamar de Suzi. A cerveja na Jamaica é chamada "Red Stripe" (listra vermelha), o que completou o nome. Vai ser lançado algum dia, mas venho falando que *Seaside Woman* será lançada, desde 1971, e ainda não me mexi. É um pouco como meu livro de fotografias. Algum dia existirá um livro.

***Gambaccini** — Foi estritamente através de você que seu pai tornou-se o advogado de Paul?*

Linda — Na verdade, foi. Lembro de conversar com meu pai logo depois de ter conhecido Paul, depois da morte de Brian, mas antes de morarmos juntos, dizendo que ele ajudara muitas pessoas a sair de situações complicadas, será que podia ajudar Paul? Ele disse que não sabia, e eu respondi que seria ótimo porque sabia que ele podia fazer isso. A seguir apresentei Paul a meu pai, e eles se deram bem no mesmo instante. Se não tivesse conhecido meu pai, Klein teria feito a festa.

(Nesse ponto nos retiramos para a sala de controle. Linda apanha o roteiro do *Walt Disney Christmas Show*; Linda e Paul são apresentadores do especial de Natal da BBC. Ela fala ao telefone com alguém da EMI: "Acho que o único trecho que desejamos acrescentar é um pedacinho da *Guerra dos Dálmatas*...

Paul conversa com Alan Parsons, engenheiro de *Dark Side of the Moon* (Pink Floyd). Eles ficam surpresos com as vendas, e Alan diz que o grupo ofereceu um presente de Natal. "Peça uma percentagem", recomenda Paul. "É o melhor presente que poderiam dar a você. O que esse disco já conseguiu é espantoso. Na França ultrapassou as vendas de *Abbey Road*...").

O Cantor, As Músicas e o Compositor

Gambaccini — *Você possui uma fama de compositor comparável a... digamos, Burt Bacharach e provavelmente Cole Porter, além de uma experiência de palco comparável à de Presley, ou dos Stones. Todos que interpretam suas músicas, o fazem de sua própria perspectiva. Valoriza especialmente algum aspecto de suas composições? Por exemplo, gosta de pensar em si mesmo como alguém capaz de escrever boas músicas?*

McCartney — Gosto de pensar assim, com certeza. Mas gosto da minha pessoa de outras formas também, sem sonhar muito alto. Curto minha atuação como contrabaixista, mais agora do que no ano passado, porque fizemos algumas sessões muito boas, onde toquei bem.

Portanto, como instrumentista, gosto de mim mesmo. Como cantor também, e como compositor, idem. Provavelmente a ordem é essa. Mas posso também tocar teclados. Só depende de como estou trabalhando, na verdade.

Gambaccini — *Com Denny e os outros, deve haver o eterno problema da personalidade. Quer dizer, as pessoas sempre vão se referir ao grupo como "a banda de Mc Cartney". Como isso afeta você, e como acha que afeta os músicos?*

McCartney — Se pudesse, gostaria de dar o nome de Wings, e todos saberiam que é um grupo onde toca Mc Cartney, mas não acho que pudesse. Resolvemos chamar de Mc Cartney and the Wings, ou Paul and Wings, para ficar mais curto e mais fácil de lembrar. Mas acho que Mc Cartney and the Wings vai servir bem, e quem quer que participe precisa conviver com isso. É um pequeno inconveniente, que não deve incomodar muito. Qualquer um que esteja interessado em música não deveria se aborrecer porque sou o homem que fica na frente.

Quero dizer, de uma certa forma, é Jagger e os Stone, não é? Ele definitivamente é o homem de frente, e os outros de uma certa forma vêm em segundo, exceto, talvez, Keith. Mas até Keith fica em segundo lugar em relação a Mick. Então eles lidam bem com essa história da personalidade, não acha?

Lembro de ter visto um poster dos Stones há muitos anos, com o rosto grande de Jagger. O resto do grupo parecia pequeno. Eu gostaria de vê-los em tamanhos iguais, pois é assim que me sinto a respeito deles, só que obviamente para efeito de mercado, imagem comercial, e o resto, acharam que deveriam explorar o rosto de Mick. E é a isso que chegamos. Desde que a maior parte das pessoas conhece meu nome e não o do resto das pessoas no grupo, seria tolice tentar esconder esse fato. É melhor tirar proveito dele e não vacilar.

Gambaccini — *Você me contou que ainda pergunta aos amigos se uma música é boa ou não. Linda mencionou que ainda fica nervoso com as críticas sobre o trabalho. Isso significa que você acompanha de perto as críticas?*

McCartney — Não. Não gosto de nenhum tipo de crítica. Não acho que tenha algum dia gostado quando meu pai dizia que não gostava das minhas calças. Mas passei por um período difícil, onde comecei a prestar atenção ao que os jornais diziam... sobre mim... algum sujeito lá em Nova York, sentado, pensando: "Acho que o disco não é tão bom quanto eu esperava." E pensei: "Dane-se, é só esse cara. Não vou levar isso ao pé da letra."

Gambaccini — *Linda disse que você "desabafava" com algumas pessoas. Depois que deixou George Martin e os outros três, foi Linda a única pessoa a entender sua maneira de pensar?*

McCartney — Por um tempo, sim. Definitivamente.

Gambaccini — *Sentiu falta de outras pessoas? Existe alguém agora com quem possa desabafar fora da banda?*

McCartney — Algumas vezes eu mesmo verifico minhas posições. Faço mais isso atualmente. Pode chamar como quiser... maturidade? Algumas vezes, se algum amigo está no estúdio, peço a opinião dele, e isso alivia um pouco a carga. A graça, é que depois digo que é besteira, e no dia seguinte mudo tudo.

Ainda leio as notas e as matérias, e eles geralmente malham os que a gente espera que sejam os melhores. Como depois de Ram, houve um bocado de crítica sobre Ram. Mas continuei encontrando pessoas onde eu ia, como por exemplo, um sujeito que encontrei esquiando: ele passou por mim deslizando, e disse: "Adorei Ram, Paul."

É nessas coisas que me baseio, nas pessoas que passam por mim no cotidiano. Pessoas comuns que dizem gostar muito. É por isso que me baseio em vendas, não na parte comercial. Se um disco vendeu muito, é porque muitas pessoas compraram e gostaram.

Gambaccini *— Então isso significa que não tem boa opinião a respeito de Wild Life, que de todos os seus discos foi o que menos...*

McCartney — Não, eu gostei desse disco. Devo admitir que é preciso gostar de mim para gostar do disco. Quero dizer, de uma forma fria, acho que não foi muito brilhante como gravação. Fizemos tudo em duas semanas. E foi gravado num clima otimista, pois tínhamos ouvido falar sobre como Dylan fazia tudo numa tomada apenas. Acho que nem chegamos a dar uma chance para que o engenheiro de som equilibrasse tudo. Havia um par de músicas boas, que os doidos ou os aficionados conhecem.

Gambaccini *— "Tomorrow".*

McCartney — Isso, "Tomorrow" é uma delas. É parecido com quando converso sobre Picasso, ou algo assim, e dizem: "Bem, esse período azul foi a única coisa boa dele." Para mim, se o sujeito criou grandes obras, mesmo seus momentos piores são interessantes. Seus momentos menores talvez componham melhor a obra final. Algumas obras parecem menores, porque ele passou por um período em que foi pressionado. Sabe, não se pode passar a vida sem esses períodos. Ninguém que eu conheça fez isso.

Gambaccini *— Você mencionou Dylan, como uma espécie de inspiração para gravar "Wild Life" da forma que fez... Ele está saindo em excursão esse mês.*

McCartney — Com o grupo...

Gambaccini *— Ele de alguma forma inspirou ou motivou você?*

McCartney — Não particularmente. Quero dizer, acabei de realizar uma excursão no ano passado, portanto... talvez eu tenha inspirado ele a sair. Não sei. Ele é um cara legal, o Dylan; é um bom músico e uma grande pessoa. Adoro ele.

Gambaccini *— Acha que ele o influenciou de alguma maneira?*

McCartney — Sim. Bastante.

No começo, acho que "You've Got To Hide Your Love Away" foi a primeira vez. A música era de John. Depois apareceu um bocado de influência na época de "A Hard Day's Night", e "Help!". Alguns acordes, a parte acústica. Gostávamos dele.

Nós o conhecemos quando ele veio a Nova York e ficamos juntos algum tempo. Ele veio para uma das minhas sessões, enquanto eu gravava Ram, em Nova York.

Gambaccini *— Você disse no estúdio que fora influenciado numa gravação recente por "Trouble Man", de Marvin Gaye. Acha que alguém pode levar isso para outro lado?*

McCartney — Ser influenciado e plagiar são coisas completamente diferentes. Quando se escuta a música, como fiz com "Trouble Man", nunca se vai saber com qual ela está relacionada. Posso ser influenciado por algum som, mas fica em minha cabeça, e não aparece necessariamente em minha música. "Here, There and Everywhere" foi baseada numa música dos Beach Boys, mas não se percebe isso.

Gambaccini *— "Trouble Man" era instrumental?*

McCartney — Era. Uma música linda. Adoro esse tipo de som. Teria gostado de ouvir um pouco mais de voz, mas a música é boa. Muito boa.

Simplesmente fomos para Paris e fizemos uma gravação que não ficou muito boa; na faixa seguinte ninguém ligou mais para nada, e saiu bom. Tocamos improvisando cerca de onze minutos, e tudo pareceu se encaixar em seu lugar.

Reaprendi esse fato nos últimos quatro dias. Tocar guitarra é melhor se você não ficar forçando, e conseguir tocar como se estivesse no banheiro da própria casa, para você mesmo. São os grandes sacadas, quando as coisas acontecem de verdade, e a gente sabe que são boas; as pessoas percebem que você não se importa, a gente está à vontade, e o som fica ótimo. É esse um dos atributos dos grandes músicos, darem a impressão de que não fazem esforço nenhum. Eles pegam a coisa, e um tipo de música maravilhosa é produzida. A idéia é parar de pensar nos ensaios. Gravo melhor quando estou tocando para mim.

Gambaccini — *Na área de composição, você foi gravado em milhares de versões diferentes. Na Inglaterra, por exemplo, "Michelle", gravada pelos Overlanders, e David e Jonathan; ou nos Estados Unidos, desde "My Love", com Tony Bennet, até "Eleanor Rigby" pelo Vanilla Fudge; Ray Charles também fez algumas. Tem alguma opinião em relação a elas, ou nem se importa em escutar tudo?*

McCartney — A maior parte não consigo acompanhar. Eu, pelo menos, não consigo, mas alguns chegam às paradas, como a *Eleanor Rigby* de Ray Charles, ou *Good Day Sunshine* com Roy Redmond.

Estou contente que muita gente tenha gravado *My Love*, mas meu interesse é puramente comercial, porque é a primeira vez que chego próximo a possuir meus próprios direitos. É estranho, mas é verdade. Portanto, tenho interesse redobrado quando alguém resolve gravar. Mas normalmente não gosto das versões atuais. Por algum motivo, as pessoas não encaram as músicas com um enfoque que me agrade, à excessão, talvez, de Ray Charles. Não escutei *My Love* de Tony Bennet.

Gambaccini — My Love *foi composta para Linda?*

McCartney — Foi.

Gambaccini — Mother Mary (Let it Be) *foi uma referência à Virgem Maria?*

McCartney — Não. Minha mãe se chamava Mary. Provavelmente era sobre ela.

Gambaccini — *Seus personagens são inspirados por pessoas de verdade?* Michelle, Uncle Albert, Eleanor Rigby...

McCartney — Uncle Albert foi. Eu tinha um tio chamado Albert, que costumava citar a Bíblia, quando estava bêbado. Morreu há alguns anos, e era um bom homem. Ele me inspirou. Michelle era só um nome. Eleanor Rigby também era um nome sonoro. Foi tudo inventado.

Gambaccini — *Você usou francês mesmo na letra de* Michelle, *e em* Drink to Me*?*

McCartney — Sim, é francês mesmo em *Michelle.* Em *Drink to Me* é mais um fundo sonoro.

Gambaccini — *O que fez*

você ter idéia de usar francês em Michelle?

McCartney — Gostei do som das palavras em francês, e tinha um amigo cuja mulher ensinava francês. Estávamos todos juntos, e perguntei a ela o que eu poderia usar em francês. Combinamos bem as palavras. A causa principal foi que eu sempre achei que a música tinha alguma coisa de francesa (imita Charles Aznavour cantando). E na verdade não sei falar francês, além dessas palavras.

O Vôo do Wings: Band on the Run

Gambaccini — Band on the Run *é um conceito que se refere ao grupo?*

McCartney — Nosso grupo? Estive pensando sobre isso desde que me perguntou ontem, e para dizer a verdade não sei. É uma boa reunião de palavras. Eu não analiso o material, e por acaso lembrei o que significava três meses depois, pensando na cama uma noite.

Começou com If I ever get out of here (se algum dia eu conseguir sair daqui). George fez essa observação numa das reuniões da Apple. Ele estava dizendo que de uma forma ou de outra éramos todos prisioneiros. Referia-se a essa prisão, e achei que seria uma boa maneira de iniciar um disco. Mas houve um milhão de motivos, na verdade. Posso nunca descobrir todos. Não gosto de analisar tudo. *Band Run* — fuga, liberdade, criminosos. Pode escolher.

Gambaccini — *Algumas das pessoas na capa, como Michael Parkinson (apresentador de um programa de entrevistas na BBC), não são conhecidas nos Estados Unidos. Como programou isso?*

McCartney — Estávamos deitados na cama uma noite, como é nosso costume, pensando o que fazer com a capa do disco...

Gambaccini — *Como ...*

McCartney — Como é nosso costume, a cada ano, cada disco que gravamos. Pensamos em *Band on the Run*, talvez num grupo de pessoas apanhadas por um holofote, como se estivessem tentando escapar da cadeia. Imaginamos usar atores no início, mas desistimos porque não seria muito significativo, então nos veio a idéia de colocar pessoas que fossem personalidades de vários aspectos da vida.

Portanto é um grupo de personalidades que parecem prisioneiros fugindo, mas quando se olha de perto, repara-se em James Coburn, e John Conteh, que é um lutador de boxe de Liverpool. Apenas várias pessoas, só para brincar.

***Gambaccini** — Pessoas que você gostava?*

McCartney — Mais ou menos. Não são necessariamente nossos favoritos na Terra.

***Gambaccini** — Não quis comparar com a capa do* Sgt. Pepper...

McCartney — Não, não foi mesmo esse tipo de coisa. Não são ídolos, não tem nada a ver com esse assunto. Foi apenas um grupo de pessoas, e, se você vai usar um grupo de pessoas, por que não torná-lo interessante? Então telefonamos para eles, e James Coburn disse: "Claro, cara, eu gostaria muito". Ele foi ótimo.

***Gambaccini** — Que músicas suas tocaria se saísse em excursão agora?*

McCartney — Devo dizer, que não me importo em tocar músicas da época dos Beatles por nostalgia, mas a gente não quer dormir sobre os louros. A gente sempre tenta criar coisas novas, para poder dizer: "Esse sou eu". Então, uma vez que se setabelece, pode se dar ao luxo de tocar músicas dos Beatles. Foi assim que me senti. É bom agora, porque temos bastante material. Posso tocar *Blackbird*, ou *Let it Be*, ou *The Long and Winding Road*, se quiser.

***Gambaccini** — Acha que existe vida depois da juventude, no rock? Pode-se tocar rock aos trinta anos?*

McCartney — Claro. (Linda começa a dançar) Com certeza. A pergunta é se você quer fazer isso quando chega aos trinta. O que acontece quando se chega a essa idade é que se tem menos vontade de tocar. Mas você pode estar mais decidido, se realmente resolver. Quero dizer, Jagger anda pulando por aí agora mais do que nunca. Acho que depende da pessoa. Fred Astaire, por exemplo, aos quarenta estava dançando como se tivesse doze.

***Gambaccini** — Você é feliz?*

McCartney — Sou.

Um Rico Senhor Que Não Quer As Dores do Mundo

Ray Coleman

A cuidadosa dieta vegetariana não conseguiu deter o crescimento e a flacidez da barriga. É ainda pequena mas progride a pouca quantidade de inconvenientes: cabelos brancos e melancólicas rugas. Afinal, não há milhões de discos vendidos, fama lendária ou condecoração da rainha Elizabeth que impeça um homem de envelhecer. Mesmo que ele se chame Paul McCartney.

Com 37 anos e quatro filhos (uma adotiva), Paul não é mais o sonhador adolescente que secretamente idealizava formar com John Lennon uma dupla de composição tão famosa e importante quanto Rodgers e Hammerstein. Finda a deificação beatlemaníaca, estabelecido o nome e a reputação de seu novo grupo, o já extinto Wings, McCartney tornou-se — antes de ídolo juvenil e ex-mito, o que, por justiça, é mérito apreciável — astuto homem de negócios, dono da maior editora independente de música e responsável pela maior operação de transferência de copyrights de que se tem notícia. Provavelmente foi sua a mais polpuda declaração de renda de pessoa física na Inglaterra, cerca de 52 milhões de dólares. Além do catálogo dos Beatles,

Paul McCartney, 1980.

ele detém os direitos autorais do falecido Buddy Holly (que transfere diretamente à viúva) e reparte os lucros de clássicos como Stormy Weather, Autumn Leaves e Grease.

Além disso, de todos os ex-Beatles — adjetivo do qual jamais se livrará — ele é o único a manter-se plenamente ativo, prolífico e bem-sucedido. Enquanto George Harrison refulge ocasionalmente com pouca intensidade e Ringo Starr apega-se com unhas e dentes a uma pobre carreira cinematográfica, John Lennon sequer se permite voltar ao trabalho, buscando a vida em família que jamais teve. No entanto, McCartney disputa vendagens e lotações com o mesmo vigor de sempre — seu mais recente álbum Coming Up e o compacto de mesmo título são sucesso em todo o mundo — e consegue ainda chegar com facilidade às primeiras páginas com mais freqüência e destaque do que os próprios e incessantes rumores de reunião dos Beatles.

Recentemente, em janeiro, Paul apareceu nas manchetes, detido no aeroporto de Tóquio com 220 gramas de maconha. Não foi a primeira vez que teve problemas com a polícia por posse de drogas (antes, casos semelhantes ocorreram na Inglaterra e na Austrália). Mas dessa vez tratava-se da família McCartney chegando com o Wings ao Japão para apresentações esperadas desde o tempo dos Beatles. E agora ele estava com 37 anos e quatro filhos a tiracolo.

"Tínhamos voado de Nova Iorque para Tóquio", disse ele meses após sua prisão. "e eu podia escolher entre jogar tudo fora e ser tolo o bastante para pôr a erva em minha mala. Mas, por alguma razão, não imaginei que não seria assim tão fácil levá-la para dentro do Japão. Culturas diferentes. Na hora que descobriram tudo, no aeroporto, imediatamente pensei: burro, pateta! Embora eu achasse que não estava cometendo crime algum, esquecera que aquilo poderia significar até sete anos de trabalhos forçados."

Quando foi notificado da sentença máxima, ele conta que a primeira reação foi "começar a suar, por dias a fio. Na primeira noite, não dormi, na segunda tive uma tremenda dor de cabeça. O corpo da gente passa a refletir e dominar todas essas reações. Mas, de certa forma, foi bom porque reduzi o cigarro e fiz bastante exercício. Aliás, era a única coisa que poderia fazer, pois não tinha papel, lápis, nem instrumento".

No fundo, o incidente serviu para lembrá-lo do próprio Palácio de Buckingham. "Nada disso teria tanta repercussão se eu não fosse uma figura pública. Quando a gente começa a sentir-se responsável, vira o próprio establishment. Na época em que tornei-me MBE (Membro da Ordem do Império Britânico) poderia ter-me transformado numa figura extremamente caridosa e fazer coisas como visitar o Duque de Edimburgo e participar de campanhas de segurança nas estradas. Mas sou apenas eu mesmo e estou tentando cuidar de minha vida. Se me envolvo em pregações que não me interessam particularmente sinto-me responsável por isso ou aquilo, então não posso ser eu mesmo. Jamais gostei de autoridade. Cada um faz seu julgamento. Não quero ser ou sentir-me responsável. Afinal, entrei nisso tudo por causa da música e não para ser uma figura pública."

Os outros Beatles não parecem partilhar a mesma opinião em relação a McCartney. Para os três, Paul era o que mais cortejava a fama e por ela tudo faria, nem que isso significasse adaptar-se constantemente para tirar todo o proveito possível de novas tendências musicais. Até hoje ele tem fama de ditador, o que fica evidente em seu novo LP, no qual compôs e executou todas as faixas sozinho. Mas, para ele, a intransigência não era exclusividade sua.

"Os Beatles sempre tiveram chances de ser totalmente irresponsáveis e pequenos Hitlers" — é a sua versão — "Mas veja bem o que pregávamos" — continua, recuperando a candura" — paz e amor. Nunca foi o oposto. Sempre tentávamos dizer o que considerávamos certo. Quando perguntavam nossas opiniões sobre, digamos, maconha, seria muito fácul mentir. Mas isso seria hipocrisia, se tínhamos chegado até ali tendo como base nossas próprias idéias. Se eu tivesse pensado cientificamente a respeito do que gostaria de fazer na vida, talvez jamais tivesse chegado à música. Talvez achasse que seria melhor virar professor".

No entanto, Paul terminou por firmar-se exclusivamente em música. Em vez de empregar seu dinheiro em terras ou na indústria, preferiu investi-lo na compra de copyrights e cuidou da continuação de sua carreira quando os Beatles se separaram, em 1970. "O Wings formou-se apenas porque na época eu me preocupava se seria apenas uma ex-lenda. Perguntei a George e a Ringo sobre seus planos, se achavam que deveríamos voltar a trabalhar juntos e eles disseram que, sim, talvez, mas era preciso dar mais tempo a John. E o tempo foi passando e nada acontecia. Então decidi que não iria ficar sentado, lamentando não poder fazer nada."

Esperava-o a dura tarefa de manter-se imune à destruição de um império que muito contribuíra para construir, um fato confirmado até hoje quando uma compilação de gravações sui generis do grupo — como I Wanna Hold Your Hand em alemão — chega a postos altos nas paradas inglesa e americana e reativa toda a fervilhante cadeia de fã-clubes ainda existentes e fiéis em todo o planeta. Para Paul, como para George, tudo deveu-se a uma felicíssima combinação de elementos isolados: "Éramos bons músicos, a época era certa e a gravadora nos ajudou bastante. O resto era pura loucura e diversão."

Talvez ainda seja difícil para Paul — e para os outros três ex-Beatles — levantar-se todos os dias, olhar-se no espelho e deixar de lembrar-se de quem foi há pouco menos de 10 anos. É virtualmente impossível viver dia após dia lutando contra a memória, mas mesmo assim Paul tenta fingir que os Beatles são tão irreais e ancestrais que sequer pertenceram à sua geração. Ele sequer tem a coleção completa dos discos do grupo e, por vezes, passa longos períodos sem ouvir suas gravações daquele tempo: "Só ouço quando ligo o rádio", explica. E, freqüentemente, é obrigado a discorrer, pela enésima vez, sobre sua conhecida e bem fundamentada tese: Por que os Beatles jamais voltarão.

O rumores de um possível concerto dos Beatles surgiram justamente quando morreram os últimos acordes da derradeira apresentação do grupo em 1966, em São Francisco. Desde então, empresários vêm tentando persuadir os quatro a concordar com uma única milionária reunião. E por mais que se estendam sobre as feridas do mundo que poderiam ser curadas com esse show, por mais que evoquem o Cambodja e os boat-people, os Beatles nao voltam. Por razões simples, diretas e incontestáveis.

Em primeiro lugar porque seria preciso meses de ensaio

"A saudável loucura dos fãs me estimula. Essas pessoas são especiais para mim."

para que os quatro recuperassem parte da afinidade, da intimidade, da coesão de anos passados; em segundo, porque não querem desafiar o destino e arriscar uma reputação estabelecida num época diferente. Além disso, não lhes atrai a idéia de serem vendidos como peças de museu; em terceiro, porque, com a exceção de McCartney, os outros ex-Beatles perderam todo o apetite que tinham por apresentações ao vivo.

E é justamente por isso que, cada vez mais, McCartney distancia-se do mito Beatles e, quando se refere ao grupo, fala dele com seguro afastamento. Mas com ternura: "Queríamos fazer muitas coisas, muitas coisas mesmo, e éramos sedentos de tudo. Era quase uma questão de cuidado que o seu sonho pode tornar-se realidade. Nosso sonho era chegar ao topo e conseguir mais do que qualquer pessoa tivesse conseguido antes. E acredite, conseguimos".

"Antes dos Beatles dizíamos que, quando tivéssemos sucesso, o ganho serviria para nos libertar, para permitir que estabelecêssemos nosso próprio modo de vida sem que ninguém interferisse. E acho que foi isso que John conseguiu, ser um pai de família, cuidar do filho e da mulher, sem se perturbar com o que possam esperar dele. Eu não. Sempre acho que preciso ir em frente, que preciso continuar".

Depois da Prisão, Um Disco. Surpreendente.

Derek Jewell, do Sunday Times

Completando 38 anos em junho e rico além dos sonhos dos mais ambiciosos astros pop, Paul McCartney não é dominado por ninguém, a não ser quando a situação, como aconteceu quando de sua detenção em Tóquio, em janeiro passado, escapa até mesmo a seu rígido controle. E então é, como sempre, bastante honesto consigo mesmo para admitir seus erros.

"Apenas me senti incrivelmente estúpido. Fui o palerma de todos os tempos. Eles haviam revistado todas as malas no aeroporto de Narita e lá, bem em cima da última, estava aquele pacote de erva, mais do que eu poderia ter usado em meses. O funcionário da alfândega o levantou e acho que estava mais embaraçado do que eu, que já estava corando. Por que eu fizera isso? Por que não pensara antes, não dera a alguém ou coisa parecida? Por quê? Porque sou um idiota, eis porquê."

Agora, ele recuperou-se da experiência e produziu um surpreendente novo álbum. Uma das composições, totalmente instrumental, tocada só por ele, vai provocar alguns mal entendidos. Chama-se *Japonês Congelado*. Parece oriental, mas ele compôs e gravou a música antes de ir ao Japão, enquanto excursionava com o Wings, sua banda.

"Pareceu-me muito oriental, muito lírica. E, pensei, é melhor conseguir um título lírico. Algo como *Pingentes de Gelo Cristalinos Pendurados na Pequena Cabana junto ao Monte Fuji*. Para não me esquecer, rabisquei um título qualquer: *Japonês Congelado*. E pegou. Descobri que o *Fuji Cristalino* não funcionava."

Já houvera uma leve confusão no Japão a respeito da música. "Os japoneses foram informados sobre os títulos das faixas e ficaram danados. Pensaram que estavam ligados ao fato de eu ter sido detido no Japão. Acharam uma depreciação incrível. Mas no Japão o título do disco ficou sendo mesmo *Japonês Congelado*." Ninguém, como dissemos, domina McCartney. Mas a história de sua prisão em Tóquio durante nove dias é contada com rancor.

"Sinto-me muito bem agora. Mas não teve nenhuma graça no começo. Foi incrivelmente duro. Eu havia passado 14 horas em um avião e quando eles me empurraram em uma cela eu estava tonto, não embriagado. E, depois, durante três dias, praticamente não consegui dormir. Se surge uma música em meu cérebro, ela começa a rodar e rodar e não há nada que eu possa fazer. E eu tinha uma canção de Dave Edmunds girando e girando em minha cabeça."

"Depois houve o choque de cultura. Eu como torradas, ovos e flocos de milho de manhã, e na manhã seguinte lá estava: algas marinhas e sopa de cebolas. E tudo que podia pensar era que jogara Linda e as crianças bem no meio de tudo. Quando ela vinha me visitar, mostrava-se tão cordial e eu tão frio."

"Eu estava muito assustado. Todos os guardas têm um ritual rígido e eu continuava imaginando que estava assistindo a um filme de guerra. Eu tinha de ficar sentado, com as pernas cruzadas, em um jeito muito estranho, e ser examinado por 12 sujeitos que pareciam ter saído de um submarino. O tempo todo, minha maior preocupação era com Linda e as crianças. Enfim, depois de três dias, meu bom humor voltou, junto com minha razão, e comecei a bater nas paredes da cela e a comunicar-me com os outros prisioneiros. Falávamos gíria. Eu não tinha documentos, de forma que fiz meu próprio calendário, como vi em tantos filmes. Peguei pedaços de reboco das paredes da cela e fiz uma espécie de ábaco para contar os dias. Durante quase todo o tempo não me permitiram escrever, ouvir qualquer música ou ler livros. Enviaramme uma nota dizendo isso em fino papel de arroz. Achei que se ao menos pudesse escrever, ao menos me sentiria um artista."

Paul diz que algumas pessoas poderiam ficar surpreendidas por ele ter sido tratado assim, pois era um ídolo no Japão, como em toda parte: afinal, era Paul McCartney.

"Suponho que fui tratado daquela forma especialmente porque sou Paul McCartney. E por que não? É uma espécie de limpeza. Não faz mal para nin-

guém ser humilhado às vezes. No fim, aceitaram-me como o principal caso local, o marinheiro britânico mantendo-se firme. Depois de uma semana, perguntaram-me se eu queria tomar banho e se queria tomá-lo em particular ou com outros. Fui, todos os guardas ficaram na porta, rindo, e tivemos um concerto vocal improvisado, com os prisioneiros e os fãs do lado de fora."

"Quando fui posto em liberdade, foi uma triste despedida. Apertei as mãos de todos através das aberturas para cartas. Logo que saí do Japão, passei uma semana escrevendo tudo, como um ensaio escolar. Realmente, espirrou de dentro de mim. Era como exorcizar o espírito do mal. O que aconteceu não era culpa dos japoneses. A lei deles é a lei deles e eu fui apanhado. Lamento muito pelos fãs japoneses que esperaram tanto tempo para ver o Wings. O advogado disse que eu podia voltar dentro de um ano, e talvez eu volte. Não guardo rancores, nem eles."

"São gente simpática. Tive a impressão de que apesar de todo o êxito e o deslumbramento comercial, eles ainda são muito novatos para este grande mundo sofisticado. Na verdade, no íntimo são camponeses. Depois que superei o choque cultural na cadeia, gostei deles. Mas não mudarei o título daquela canção. Analisemos a coisa da seguinte forma: se eu quisesse ofender, poderia ser muito mais ofensivo e mordaz. Aquele título não passa de um acidente e significa algo para mim. Portanto, por que deveria mudá-lo?"

O novo álbum é uma façanha surpreendente. É chamado simplesmente McCartney II — pois ele fez um álbum solo anterior chamado McCartney — e foi produzido por Paul, sozinho, em uma casa de fazenda deserta perto de sua casa em Sussex. Ele toca todos os instrumentos — tambores, contra-baixo, guitarras, sintetizadores, mellotron, piano, piano elétrico, etc.

"Depois que fizemos o último álbum dos Wings, *Back to the Egg*, eu estava farto da idéia de 'fazer álbuns', de produzi-los. Portanto, aluguei uma máquina de 16 pistas e um par de microfones para ligar diretamente nela e coloquei-a na sala da frente dessa antiga casa de fazenda. Era apenas como um grande gravador cassete. Queria me divertir um pouco em particular e achei que produzindo um 'cassette' podíamos tocá-lo no carro".

Paul durante as gravações do clipe *Pipes of Peace*.

"Eu estava com pleno controle. Não tinha câmaras de eco nem máquinas de truques. Tocava o tambor de parada na cozinha de ladrilhos para obter um eco ou mexia na máquina e adivinhava o intervalo necessário para minha voz fazer o efeito. Fiz tudo, exceto uma canção, enquanto prosseguia".

Duas baladas, *Waterfalls* e *One of These Days*, são o trabalho mais memorável de McCartney desde a década de 1960. *Waterfalls* poderia ser chamada de *I Need Love* mas isso teria sido comum demais, diz McCartney. "Eu tinha essa idéia de cascatas e lago, dos anúncios que se vêem em estações de turismo americanas, e pegou."

Foi assim que fiz *Eleanor Rigby*. Apenas tinha a primeira frase em minha cabeça e a canção se desenvolveu disso. *Waterfalls* ficou do último álbum dos Wings. As palavras eram funcionais, palavras corajosas, apenas lançadas. Pensei que tinha de ser sério, sensato, e mudá-las. Não confio em palavras como essas. Mas com o tempo cheguei a gostar delas e achei que devia acrescentar piano elétrico e um sintetizador de cordas à distância, como uma orquestra suíça maluca no topo de uma montanha. Funcionou".

Basta observar a música para que ela fique em nossa memória. De certa forma, é o que eu e os outros estávamos esperando que McCartney fizesse durante toda a década de 70. Agora ele está descobrindo que pode fazer coisas, como planejar um disco, coisa que não tentara antes. Por que não deveria agora continuar a escrever, talvez, um musical? "Sim, também foi isso com *One of These Days.* Tinha essa vespa sob meu chapéu e não gosto de musicais feitos de histórias antigas como *Oliver*. Como se pode transformar Dickens e Shakespeare em um monte de carecas em um musical? Gosto deles recentes, como *West Side Story* ou *A Chorus Line*, embora este não apresente muita música que importe. Portanto, tenho de ter a idéia".

Enquanto isso, McCartney, o escritor de canções que mais vende no mundo e leva uma vida invejavelmente equilibrada entre meses em Sussex, semanas na Escócia — em uma propriedade com casa modesta, onde ninguém atira em animais — e peíodos em Londres ou em excursões, encara o mundo com a mesma vivacidade desprendida que sempre o marcou.

Lembrei a Paul coisas que me disse no fim dos anos 60, lamentando o crescente materialismo da Grã-Bretanha, horrorizado com o Vietnã, estarrecido com as restantes estruturas de classe. Achava que as coisas haviam mudado?

— Bem, as pessoas continuaram e o Vietnã parou. John (Lennon) e Yoko devem ter parecido um par de lunáticos para as pessoas, mas fizeram muita coisa com *Give Peace a Chance* e coisas assim. Tiveram de ultrapassar o topo e sacrificar sua imagem pública ou sanidade para que as pessoas prestassem atenção. Vi um filme, outra noite, com as crianças nos degraus do Capitólio cantando *Give Peace a Chance* e estou certo de que isso ajudou. Lembra-se de que eu fiz *Give Ireland Back to the Irish*? Não foi o bastante, mas eu tentei. Joe Lockwood, chefe da EMI, telefonou-me dizendo que a música criaria um conflito. Eu disse que era tolice, mas mesmo assim foi proibida aqui. Foi a número um na Irlanda e, imagine só, na Espanha!"

Era hora de lembrar McCartney sobre a música de hoje.

"Se eu tivesse nascido um pouco mais tarde, poderia ter-me dedicado ao 'punk rock'. Quando era moço, entrei no rock and roll porque era a música da época. A ambição ainda estaria presente se eu fosse um adolescente agora. Alguns desses conjuntos não são muito ruins. Parecem o antigo rock and roll. Portanto, essa é a novidade. A agitação sobre os Sex Pistols confundiu a questão. Algumas das novas bandas são boas, também, como The Police."

"Minha filha entrou no 'punk' e tem um namorado que costumava usar uma faixa no braço com um grande "A" nela. Disse que queria dizer anarquia. Perguntei-lhe o que significava. Disse que era a liberdade de caminhar pela rua e ninguém rir da maneira como se vestia. Quando eu disse que anarquia significava ausência de governo, falta de cinemas, de polícia, ficou horrorizado. É isso aí. Muitos dos garotos simplesmente não sabem. Todo o grupo em seu sexto ano queria apenas fumar cachimbo, sentar-se em bancos de parques e sentir-se como Dylan Thomas, como escritores. É um velho mundo engraçado."

Eterno como Sinatra, Digerível à Spielberg

André Singer

Logo após a separação dos Beatles, John Lennon compôs uma canção arrasando com Paul McCartney, chamada *How Do You Sleep?* Nela Lennon aponta algumas características pessoais e artísticas de McCartney como a egolatria e facilitarismo musical e termina com uma afirmação de perplexidade: "Você deve ter aprendido alguma coisa nesses anos todos".

E aprendeu. Aprendeu a confeccionar belas canções pops de imediata aceitação e rápido esquecimento (uma espécie de Steven Spielberg — o diretor do filme Indiana Jones — da música popular internacional). Beleza fugaz, mas atraente pelo refinado tratamento dispensado a cada passagem, com arranjo e produção impecáveis e pela harmonia do enredo final. O disco *Give my Regards to Broad Street*, trilha sonora do filme do mesmo nome escrito por Paul (espera-se agora que Spielberg comece a compor canções), recém-lançado no Brasil, mostra com todo o vigor a sabedoria pop acumulada por McCartney "todos esses anos".

É certo, McCartney nunca absorveu de Lennon a capacidade de falar de si mesmo nas canções. Enquanto John colocava grãos de sinceridade e exposição pessoal nesse universo de fantasia que é produzido pela indústria cultural, Paul especializou-se em inventar historinhas ou em falar abstratamente do Amor. Mas nesta estrada ele produziu algumas das mais comoventes canções de amor das últimas décadas, como *Here, There and Everywhere*, *For no One* e *Long and Winding Road*, gravadas originalmente pelos Beatles e agora regravadas em *Broad Street.* Em particular a última ganhou neste disco uma nova e melhor roupagem. Quando gravada originalmente pelos Beatles em *Let It Be*, foi editada pelo produtor Phil Spector e ficou grandiloqüente.

Nenhum tabu caiu com essas regravações. No álbum duplo *Wings Over America*, de 1976, resultado da excursão do grupo de Paul pelos EUA, já estavam registradas diversas canções gravadas originalmente pelos Beatles. Lá estão *Blackbird, I've Seen a Face, Lady Madonna* e *Yesterday* (esta aparece agora em *Broad Street*). Todas foram compostas só por Paul, embora levem a co-assinatura de Lennon em respeito a um acordo estabelecido entre os dois enquanto durou o conjunto, o de atribuir à parceria qualquer canção composta unicamente por um ou por outro.

A regravação de antigos sucessos dos Beatles junto a novas composições mostra a continuidade do trabalho de Paul McCartney. *No More Lonely Nights* que abre e fecha o novo disco (em versões respectivamente rápida e lenta), tem momentos cativantes, e a promessa de acabar com as noites solitárias. Se não convence, embala. *No Values* e *Not Such a Bad Boy* são rocks mais agressivos mas também muito competentes.

A voz de Paul o faz um Frank Sinatra oriundo dos anos 60 até o infinito. Aliado a músicos experientes como David Gilmour (Pink Floyd) que toca guitarra em *No More...*, John Paul Jones (Led Zeppelin), baixo em *Ballroom Dancing*, e Ringo Starr (Beatles) bateria em várias faixas, e a seu próprio virtuosismo instrumental, Paul cria o clima adequado às grandes produções. Conta ainda com George Martin, produtor dos Beatles, para usar todos os recursos do estúdio e também como arranjador.

Que mal há em produzir simples canções de amor, pergunta Paul em *Silly Love Songs*, de 1976, uma espécie de revide às críticas de Lennon, regravada neste disco. Redundância, caretice e conformismo, poderia ser a resposta. Porém se seria insuportável "encher o mundo com elas", como diz a letra, sente-se que há um lugar para tais músicas pela diversão, distração e mesmo pelos toques-beatle que aqui e ali proporcionam.

Um Beatle muito bem comportado

Karin von Faber

Na década de 60, Paul McCartney era o mais irrequieto dos quatro Beatles e os pais de família de todo o mundo tremiam ante a possibilidade de ver seus filhos adotarem o comportamento avançado dos seus ídolos. Farras, excessos de vários gêneros, e, até mesmo, uma acusação bem mais palpável, de porte de drogas, compunham um handicap *negativo para a imagem do conjunto perante os mais velhos. Mas atualmente Paul é outra pessoa: chegou, enfim, a sua vez de ser pai de família.*

Para Paul McCartney, antigamente o mais selvagem dos Beatles, a felicidade, hoje, é ter uma mulher, três filhos, seis cavalos, dois cachorros, uma grande casa de fazenda na Escócia e começar tudo outra vez em música. Conseguir enfrentar com sucesso a difícil passagem dos trinta é outra de suas metas.

Paul acha que amadureceu. De fato, ele se preocupa com os problemas dos outros Beatles, que, segundo acredita, não se ajustaram às suas idades.

— Eu devia mesmo ter um papo com aqueles rapazes, ensinar a eles os fatos da vida, declara Paul. Pensei que tínhamos parado com todas aquelas coisas imaturas — "ondas" religiosas, caça às garotinhas — tudo isso era bom quando éramos rapazolas, mas não serve mais. Desisti completamente. Tenho sorte à beça de ter encontrado Linda — e de poder estar feliz interiormente e começar outra vez, com tranqüilidade.

Paul ficou espantadíssimo quando soube que John Lennon rompera com Yoko. Também ao ser informado de que George trocara Patti Boyd por Hare Krishna e pela meditação solitária. Ringo é o único que ele acha que está indo bem, ou, pelo menos, aproveitando o dinheiro dele, sem fazer besteiras. De qualquer jeito, Paul não acredita que os Beatles voltem a se unir.

— Todos percebemos que aquela coisa sensacional de que participávamos já não tinha mais sentido, disse Paul. Acho que todos aceitamos isso como um fato, desde aquele dia, no escritório da Apple, em Londres, em que John nos disse: — "Vou deixar o grupo — quero divórcio".

Em família

As mudanças operadas em Paul tornaram-se óbvias durante as muitas horas em que ele permitiu a participação de um fotógrafo e um repórter na sua vida familiar. A rara e fechada sessão inclui refeições em casa, passeios a cavalo, brincadeiras com as crianças e conversas entre os adultos à noite, durante longas horas. Paul e a mulher, Linda Eastman, de Nova York, pareciam muito apaixonados. Sua afeição tocava tudo que os cercava. A atmosfera era informal, descontraída. Todo mundo estava na sua, e isso significa muito porque, nessa ocasião, "todo mundo" incluía três gerações completas da família McCartney.

O cenário era a casa do pai de Paul, a 10 milhas de Liverpool, comprada por Paul para o seu velho e sua madrasta no auge da histeria dos Beatles, quando até os seus pais não conseguiam ter uma vida privada na antiga "toca". Paul, Linda e suas crianças e cachorros chegaram de carro da fazenda deles em Argyle, na Escócia, com Paul ao volante do Rolls, a fim de gozarem os últimos dias de férias, antes de seguirem para Londres e começarem a trabalhar para valer. Também de visita estavam o irmão mais novo de Paul, Mike, sua mulher e três filhos.

Paul está cheio de planos para o Wings, o novo grupo, de cinco membros, que ele lidera, e inclui Linda, ao lado de Jimmy McCulloch, na guitarra, Denny Lane, guitarra e vocal, e Jerry Conway, bateria.

— "Espero que esta primavera a gente possa testar o grupo novo na Europa e, lá pelo outono, estar pronto para fazer uma turnê pelos Estados Unidos, "disse Paul". Mas quero ter certeza de que somos suficientemente bons. Ainda tenho bem presente na minha cabeça a sensação de que os Wings de 1972 não eram bastante bons. Várias razões concorreram para isso. Um dos rapazes sempre entrava bêbado no palco, e não conseguíamos controlá-lo — finalmente, tivemos de nos livrar dele. Os outros rapazes, infelizmente, não eram bastante bons do ponto de vista musical. Foi minha culpa. Não reuni as pessoas certas. Mas acho que os novos rapazes combinam melhor com as nossas personalidades — a de Linda e a minha. Vou ter certeza disso dentro de poucas semanas. Depois, vamos ensaiar para valer."

Uma das razões por que ele volta a formar um grupo é a necessidade de dinheiro.

— "Linda e eu não somos ricos, porque boa parte de nosso dinheiro foi para a Apple. Um desastre. Nosso ex-empresário, Allen Klein, fez umas coisas muito estranhas com os milhões que ganhamos. O pai de Linda é nosso advogado e processamos a Apple. Talvez as coisas se esclareçam e seja alcançado um acordo dentro das próximas semanas. Espero que tudo fique certinho. Sabe, os outros Beatles não acreditaram quando eu falei que Klein não era o homem certo para cuidar de nossos negócios. Agüentei muita coisa de John, George e Ringo, por causa dessa posição. Mas o que se viu foi que eu estava certo."

Enquanto Paul falava, suas filhas menores, Mary, de quatro anos, e Stella, de dois, puxavam seu braço, brincando, ou tentavam subir em seu colo. A família parecia feliz. De repente, Linda aparece da cozinha, com Heather, de 11 anos, sua filha de um casamento anterior. Paul tem algumas idéias próprias sobre como criar crianças.

— "Os filhos serão sempre nossa preocupação fundamental, "comenta". Não importa a quantidade de dinheiro que eu e Linda tenhamos, isso nada significa para nós sem esse tipo de felicidade. É um grande prazer — e uma tarefa dura — criar crianças. Às meninas, a gente tenta ensinar desde cedo a entender os homens, tanto quanto possível. Homens e mulheres são tão totalmente diferentes que passam uma boa parte da vida tentando aproximar-se um do outro. Naturalmente, é raro chegarem perto o suficiente. Este é o problema. É preciso começar cedo. Não estou falando de sexo. Quero me referir à compreensão, à comunicação, como a coisa maravilhosa que tenho com esta dama loura", explica abraçando Linda, rapidamente.

— "Minha mãe morreu muito moça, acrescentou. Sei porque é importante para meus filhos terem uma mãe. Sei o que significa ser criado numa família onde falta um elemento."

Cavalos, um hobby

No meio da tarde, os McCartneys acomodaram-se no seu Rolls e, felizes, dirigiram-se para os estábulos, onde seus seis cavalos e pôneis estavam provisoriamente alojados. Paul pensava, antes, que cavalos eram bons só para as corridas, mas Linda é uma cavaleira entusiástica desde a infância e, para agradá-la, Paul comprou um casal de cavalos. Agora, ele gosta tanto de montar quanto ela, e o casal freqüentemente sai para longas cavalgadas pelos campos. É uma das raras mudanças que Linda operou discretamente em Paul pelas quais ele parece grato.

De volta para casa, nem Paul nem Linda preocuparam-se com o fato de que a lama de suas botas sujou o carro de luxo e a casa. Paul comentou que a vida é curta demais para a gente se preocupar com coisas assim: "se gostamos de cavalgar, então é bobagem preocupar-se com a lama."

No começo daquela noite, confortavelmente instalado perto de Linda, com um scotch and soda (sem gelo), Paul falou sobre seu casamento.

— "Linda e eu sabemos que casamento é uma coisa antiquada. E não ignoramos que o contrato é apenas um pedaço de papel. Cabe às pessoas dar significado a esse pedaço de papel."

— "Tive meu tempo de farra," Paul continuou. "Realmente, fui um farrista, especialmente quando estava excursionando pelos Estados Unidos, em 1964 — ou foi em 1963? Mas contei tudo a Linda sobre isso e todo o resto. Fiz minhas farras quando era tempo para isso. Mas agora sou muito mais feliz. Essa nova vida significa mais para mim."

Apesar da seriedade recém-conquistada, a piscadela costumeira de McCartney ainda sublinha suas palavras. Na verdade, a conversa quase não mudou de tom, quando ele confessou que foi convidado pela Payboy para posar nu na página central.

— "Tive de dar risada", disse Paul. "Por que me acharam digno dessa honraria? Não tenho qualificações."

Linda declarou que achava Paul ótimo. Todo mundo riu, quando Paul falou:

— "Talvez eles apenas quisessem mostrar o lado cerebral de Paul McCartney."

Um Passado Antigo

Tanto Paul como Linda falaram com excitação dos planos para visitar os Estados Unidos.

— "Toda aquela história das drogas foi tempestade em copo d'água", disse ele, referindo-se a uma acusação por porte de drogas, em Campbeltown, Escócia, há vários anos, que resultou numa pequena multa. O fato, no entanto, fez com que o olho-de-águia das autoridades da imigração norte-americanas pusessem obstáculos à obtenção de um visto para Paul.

— "O pai de Linda (Lee Eastman, advogado de Nova York) finalmente esclareceu a coisa toda para satisfação geral, e estou feliz de poder ir para os Estados Unidos sem que isso cause confusão. Esperamos passar algum tempo na Califórnia, porque gostamos muito do clima de lá. Os invernos em Liverpool são muito duros."

Cerca de cinco anos atrás, antes da ruptura, Paul lembra ter dito aos outros Beatles que eles estavam perdendo a forma, não participando de um número suficiente de concertos ao vivo, perdendo o contato com as pessoas. Ele sugeriu que o grupo pregasse um cartaz no saguão de uma casa de apresentações numa vilazinha obscura, anunciando que no próximo sábado Ricky e os Redstreaks dariam um espetáculo. Em vez disso, os Beatles chegariam, e as pessoas ficariam surpresas — e felizes. Sua sugestão foi recebida com perguntas a respeito de sua sanidade mental, mas Paul conta a história porque dá muita importância às apresentações ao vivo. Ele provavelmente experimentará essa tática quando os Wings (Asas) estiverem prontos para "voar".

Ele diz que está tentando dar algumas orientações diferentes à sua música, com canções que não são demasiado românticas, mas têm sua dose de romantismo.

— "Pessoalmente, não gosto de coisas bonitinhas demais, declarou Paul. Minha música sai melhor, eu acho, quando o suave e o duro se reúnem."

Ele está muito feliz de ter ensinado Linda a escrever canções — à maneira dele — e ambos estão profundamente empenhados no trabalho básico de equipe do grupo.

— Um dia desses, eu disse a Linda: "Vou te ensinar a escrever, nem que tenha de amarrar você ao piano. Vou ensinar você pelo meu método, porque realmente nunca escrevo de verdade a música. Componho de ouvido. E gosto de co-

> “Se nós não começarmos a nos preocupar com o meio ambiente e limpar este planeta, então não teremos mais um planeta com que nos preocupar.”

laboração, de companhia e não de ficar sozinho num quarto silencioso — assim é como se estivesse fazendo um dever escolar. Se você trabalhar comigo”, disse a Linda, “aí vai ser divertido”.

Embora tivesse sido difícil convencer o seu agente de publicidade de que Linda, logo depois de casar com Paul, transformara-se miraculosamente numa compositora, Paul diz que foi exatamente o que aconteceu. Ele atribui a Linda parceria em muitas das canções que entraram nos seus álbuns.

Mas Paul acha que uma canção ele fez sozinho. Isso o incomoda porque a música não se enquadra na sua nova personalidade.

— “Escrevi *Give Ireland Back to The Irish* porque senti que precisava fazer isso. Tenho plena consciência que do ponto de vista musical a canção não é lá muito interessante. Não sei se voltarei a escrever uma música política. Não está mais na minha área.”

Quando chegou a hora de as crianças dormirem, foi Paul quem pediu desculpas e subiu para contar-lhes histórias e dar o beijo de boa-noite. Ele faz isso sempre, e gosta muito. Na volta, falou-se da possibilidade de novos filhos. Ambos disseram, quase em coro: “Por que não?” Talvez depois da excursão seja a ocasião adequada.

— “Linda é louca por bebês”, acrescentou Paul.

E Linda disse:

— “Sou, sim.”

(Fonte: *O Globo*, 10-07-74)

Mc Cartney Chega Hoje ao Rio

O ex-beatle Paul McCartney tem chegada prevista para hoje, 1990, às 6h15, no vôo 811 da Varig, no Aeroporto Internacional do Rio de Janeiro. Com ele chegam também sua mulher Linda (teclado e voz), Hamish Stewart (guitarra, baixo e voz), Robbie McIntosh (guitarra e voz), Paul Wickens (teclados) e Chris Whitten (bateria), que o acompanham nos dois shows previstos para amanhã e sábado no Maracanã.

Ao contrário de sua banda, que deverá hospedar-se no hotel Rio Palace, em Copacabana, McCartney e Linda ficarão hospedados em um lugar secreto, uma exigência do cantor. A assessora de imprensa de McCartney, Fiona Hurry, afirmou ontem que o ex-beatle deverá permanecer no Rio o suficiente para fazer as suas apresentações e "tirar um dia de folga", ou seja, até domingo.

Hurry disse que McCartney vem ao Brasil representando a entidade ecológica Friends of the Earth (Amigos da Terra), da qual é um dos mantenedores. Durante os shows, ele fará uma pausa para falar sobre os objetivos da entidade e os problemas ambientais no Brasil e no mundo. Hurry considerou difícil que o cantor faça uma viagem à floresta amazônica,

Paul numa foto de estúdio assinada por Hurrell, 1982.

por ser "muito longe" do Rio. Ela chegou ontem pela manhã ao Rio para receber o cantor e cuidar dos preparativos da entrevista que McCartney dará à imprensa amanhã no Maracanã.

Desde o último domingo a equipe de técnicos estrangeiros que monta o palco para as apresentações está comendo em um refeitório montado no estádio. Imitando os hábitos alimentares da estrela da turnê, só são servidos cardápios com pratos vegetarianos. O almoço de ontem foi berinjela à parmegiana, salada de batata com alface e lasanha de abóbora, cenoura e espinafre. Como sobremesa foram servidos frutas e sorvete de morango. Por exigência de McCartney, nenhum prato com carne será servido nesse restaurante.

Os oito mil metros quadrados do gramado do Maracanã começarão a ser cobertos hoje com cerca de 4 mil e 200 placas de madeira, para diminuir os danos à grama do estádio. Até às 12h de ontem, ainda não havia sido instalado o equipamento de luz e som do palco, Segundo os organizadores, não haverá atrasos na montagem e hoje deverá começar a fase de testes. As placas de madeira deverão ser retiradas no próprio domingo, para não abafar o gramado.

Fernando Pereira, diretor da empresa Seguradora Boavista/Itatiaia, disse que o valor do seguro da turnê brasileira é de US$ 10 milhões. Segundo Pereira, o seguro está dividido em três partes: uma que cobre o equipamento de som e luz (US$ 7 milhões), outra que cobre uma eventual não-realização dos shows (US$ 2 milhões) e uma terceira, no valor de US$ 1 milhão, que cobre ocorrências de responsabilidade da Mills e Niemeyer, promotora da turnê, durante as apresentações.

Uma voz que se mostra

Tárik de Souza

Ele existe mesmo. Mais para alto que baixo, sem barriga, olhos frios e decididos por baixo da marquise de cabelos grisalhos não muito longos. Tênis preto Adidas, jeans cinza delavé, camisa marrom raiada de preto, Paul McCartney em pessoa estava ali a menos de um metro de distância. Foi receber uma comenda ecológica — Voice for the Planet Award, enviada dos EUA pela entidade Friends of the Earth, Amigos da Terra — numa salinha do Parque Aquático do Maracanã, um pouco antes de começar o show de sábado. Uma pequena confusão no início da cerimônia: além de Antônio Macedo, coordenador do Conselho Nacional dos Seringueiros do Acre, com sua camiseta Tributo a Chico Mendes, apareceu Hércules Goes, da Fundação Ecológica Vale do Guaporé, para fornecer ao mesmo ex-beatle um diploma de sócio-honorário de sua entidade. O breve impasse foi resolvido democraticamente. O programado Antônio abriu os trabalhos e alongou-se em discursos (além da evocação a Chico Mendes e dos elogios de praxe, convidou Paul a visitar as reservas extrativistas do Acre) antes de passar-lhe o prêmio, "em reconhecimento à sua liderança na promoção da consciência global dos perigos cruciais que a Terra enfrenta", conforme anunciava em inglês o texto emoldurado. Hércules também entregou seu laurel comunicando-se com Paul num inglês fluente, impensável para o seringueiro antecessor.

Finalmente, a uma hora do início do show, numa salinha interna em frente à piscina, Paul recebeu uma leva de jornalistas, seu compromisso final com a imprensa brasileira nesta excursão, cujos números foram mudados à última hora, como conseqüência dos efeitos do Plano Collor. O projeto total caiu de US$ 3,9 milhões para US$ 2,8 milhões e o próprio cachê do astro, de US$ 1,75 milhão para US$ 1,25 milhão. Em petit comité, calmo a despeito da proximidade do início do show, Paul falou de ecologia, Collor, tietagem, política, Beatles e, claro, John Lennon. "Você acha que ele era um gênio?", ele devolveu a pergunta ao repórter. E, diante da afirmativa, balançou a cabeça: "Eu também acho".

Poucas horas antes do início do seu show sábado à noite no Maracanã, onde cantaria para o maior público de sua carreira — estimado em 180 mil pessoas -, o ex-beatle Paul deu uma entrevista para seis veículos de comunicação — Folha,

Estado de S. Paulo, Jornal do Brasil, O Globo, O Dia e revista Manchete. Ele falou sobre suas preocupações com o meio ambiente e ficou espantado de saber do projeto de construção de uma rodovia ligando o Acre ao Peru, que vem causando protesto entre grupos de ecologistas. "Não tive essa informação de meus contatos com o governo brasileiro", disse.

Depois da entrevista, teve um encontro com a ministra da Economia, Zélia Cardoso de Mello, quando tentou obter mais informações sobre a rodovia e sobre os projetos relacionados ao meio ambiente do novo governo. Na entrevista, ele se mostrou surpreso com a receptividade do público brasileiro às suas novas canções. McCartney recebeu um cachê de US$ 1 milhão e 250 mil pelas duas apresentações.

Paul estava com viagem marcada para Londres, no final da tarde de ontem. Com os shows do Maracanã, os ex-beatle encerra uma turnê mundial (*Flowers in the Dirt*), iniciada em setembro do ano passado na Noruega. O sucesso da sua estadia no Brasil animou o cantor, que poderá voltar no ano que vem para outras apresentações. A recepção que o eterno beatle teve no Rio foi considerada "majestosa" pelos organizadores do espetáculo, o que poderá atrair outros importantes personangens do rock mundial para futuras exibições.

A seguir, trechos da entrevista:

Pergunta — *Nos anos 60, o rock tinha uma aura revolucionária. Nos anos 80 passou a ser um grande empreendimento do show business. Agora surgem as preocupações ecológicas. Você acha que nos anos 90 o rock pode voltar a ter essa aura revolucionária?*

Paul McCartney — O rock sempre esteve ligado às boas idéias. Nos anos 60, a questão da paz; depois a luta contra o apartheid. Hoje a grande discussão é a questão ecológica. Não importa se outras questões são mais importantes, mas temos que cuidar agora do meio ambiente. Não sou um rebelde, mas vejo que os governos demoram muito a tomar alguma atitude. Pessoas como eu não querem se envolver em política, mas são obrigadas a isso. Ano passado descobriram um buraco de mais de 60 km na camada de ozônio. Eu tenho quatro filhos e não quero que eles vivam assim.

Pergunta — *Você critica os governos por demorarem a agir. Durante sua permanência no Brasil, você trocou correspondência e presentes com o presidente Fernando Collor. Você sabia que há um projeto de construção de uma estrada ligando os oceanos Atlântico e Pacífico, que atravessa o Estado do Acre, e que vem causando muita discussão entre grupos de ecologistas e governo?*

McCartney — Eu não sabia da construção dessa estrada. Não conheço o presidente de vocês, mas pelas informações que tenho é uma pessoa preocupada com a ecologia, por isso mandei uma carta para ele. A resposta que recebi foi muito gentil e educada. Mas com políticos nunca se sabe.

Pergunta — *Por todas as partes do mundo há fãs que ainda o perseguem como no tempo dos Beatles. O que você acha disso?*

McCartney — Me parece uma espécie de loucura saudável. Essas pessoas são especiais para mim. É bom trazer um pouco de alegria para as pessoas, ser capaz de fazê-las chorarem de emoção.

Pergunta — *Há 13 anos você está sem excursionar. Agora você volta cantando inclusive músicas dos Beatles, o que não costumava fazer nas turnês com o Wings. O que mudou?*

McCartney — A separação dos Beatles foi dolorosa, foi o divórcio de quatro homens que estavam juntos há um bom tempo. Vinte anos amenizam as dores. Outro ponto importante é que agora tenho uma boa banda. Estou aproveitando para lembrar ao público e a mim mesmo do tempo dos Beatles e me surpreendo em ver como as músicas ainda funcionam bem. Acho que isso é outra questão: os Beatles continuam sendo os melhores, sem modéstia. As músicas de hoje são vazias, vendem durante um ano e depois ninguém mais se lembra delas.

Pergunta — *Você considera John Lennon um gênio?*

McCartney — Lennon costumava dizer que, se havia alguma coisa como os gênios, ele era um deles. E ele era. Era uma pessoa difícil. Um dia muito doce, no outro a pessoa mais desagradável que você podia encontrar. Tinha um caráter complexo, mas isso é explicado por sua vida familiar complicada. Ele era um gênio, mas não um santo.

"Paulmaníacos" organizam excursões ao Rio

Muitos paulistanos estão correndo para conseguir um lugar nos shows de hoje e sábado no Maracanã. Paulmaníacos convictos e simples curiosos vão lotando os ônibus e pontes-aéreas para chegar a tempo de ver Paul McCartney.

Marcelo Mallagoli, 28, é um dos organizadores da caravana do fã-clube Revolution, que sai sábado, da estação Armênia do metrô. Mas ele, pessoalmente, vai assistir ao show de hoje. Mais do que fã, ele se define como "paulmaníaco". Mallagoli e seu irmão fundaram o fã-clube em abril de 1979. "Desde que me casei, em 82, estava um pouco afastado de tudo isso, mas não perderia este show por nada no mundo, porque ninguém sabe se ele vai voltar."

Outro integrante da caravana do fã-clube Revolution é Carlos Alberto Mendes Martins, 36, gerente financeiro, que vai só no sábado mesmo, porque trabalha. Ele é fã desde 1963 e diz possuir mais de 500 discos só dos Beatles. Para ele o show encerra todo o sentido de sua vida. "Não indo seria contrário a tudo o que fiz até hoje."

Um curioso notável é Marcelo Frommer, 28, dos Titãs. Foi ontem à noite para o Rio, para assistir ao show de hoje. Frommer acredita que o show "vai ser muito especial". Ele diz que tem sempre um olho colado nos aspectos técnicos do show, como os sistemas de luz e som, e que não dá para comparar os recursos a que têm acesso os americanos aos dos "popstars" brasileiros.

Marcelo Frommer não se considera um fã especial, nem dos Beatles, nem de Paul, mas, para ele, essa é uma oportunidade única de ver ao vivo pelo menos um pedaço do grupo de Liverpool. Outro titã, o baixista Nando Reis, 27, gostaria de ir — "ia ser ótimo" — mas não poderá estar presente ao show porque os filhos estão com catapora.

Paulo Ragnoli Silva, 31, é contrabaixista do Comitatus, grupo especializado em versões de músicas dos Beatles, que suspendeu suas atividades no ano passado. Ele vai amanhã para o Rio com a excursão da Orbitur, que sai da Praça da República às 21h30. Além de contrabaixista, Silva é também professor do Colégio Mater Dei. "O show de Paul McCartney é tudo o que a gente estava esperando há anos. Trabalhamos tanto com a música dos Beatles, é uma chance que não se pode perder", diz.

Paulo Silva descobriu os Beatles aos 11 anos, quando foi assistir ao filme Help, seguindo a trilha do irmão mais velho, que já era fã do grupo. Segundo Silva, ele começou a ser "mais seletivo" e apreciar tecnicamente o grupo nos anos 70, quando passou a ver os Beatles "como uma negação ao pop que existia na época".

Outro integrante do Comitatus, o tecladista Hélio Taluda Filho, 36, diz que vai "pelo mito que Paul McCartney representa e para aproveitar que ele ainda está vivo". Ele é "fanático", não apenas fã, desde 1966. Os Beatles são para ele a fonte de sua criatividade pessoal.

Já José Miguel Wisnik, 41, professor de Literatura na USP e músico, disse que teria o maior interesse em assistir a um dos shows mas não pode ir por excesso de compromissos. "Eu iria com certeza, porque Paul representa música bonita, boas canções e melodias". Wisnik disse que descobriu os Beatles tardiamente, quando um primo pôs o LP Sgt. Pepper's dentro da capa de um disco de um concerto de Brahms e deu para ele ouvir. Wisnik não se considera um fã. "Sou mais fã do Stevie Wonder".

Fernando Figueiredo, 27, cantor do grupo Luni, também não vai, mas apresentou várias razões para perder o show. Primeiro porque está ensaiando para a apresentação que o grupo fará na próxima semana no Aeroanta. Também porque não gosta de assistir a shows no Maracanã, que, segundo ele, não é um lugar adequado para apresentações de música. Por não ser um fã convicto, diz que se contenta com o que puder ver na TV. Por último, "porque estou duro como todo mundo".

Todos os 12 ônibus fretados pela Orbi Tour estão com os 44 lugares ocupados. São 528 pessoas, que pagaram Cr$ 3.940,00 à vista pela passagem de ida e volta e hospedagem por um dia, com meia pensão, em um hotel quatro estrelas.

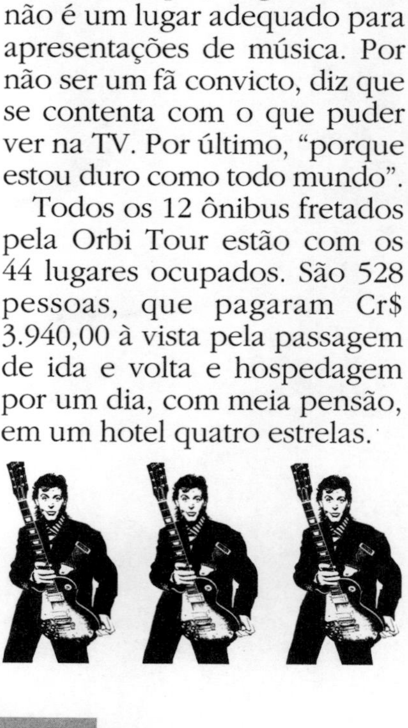

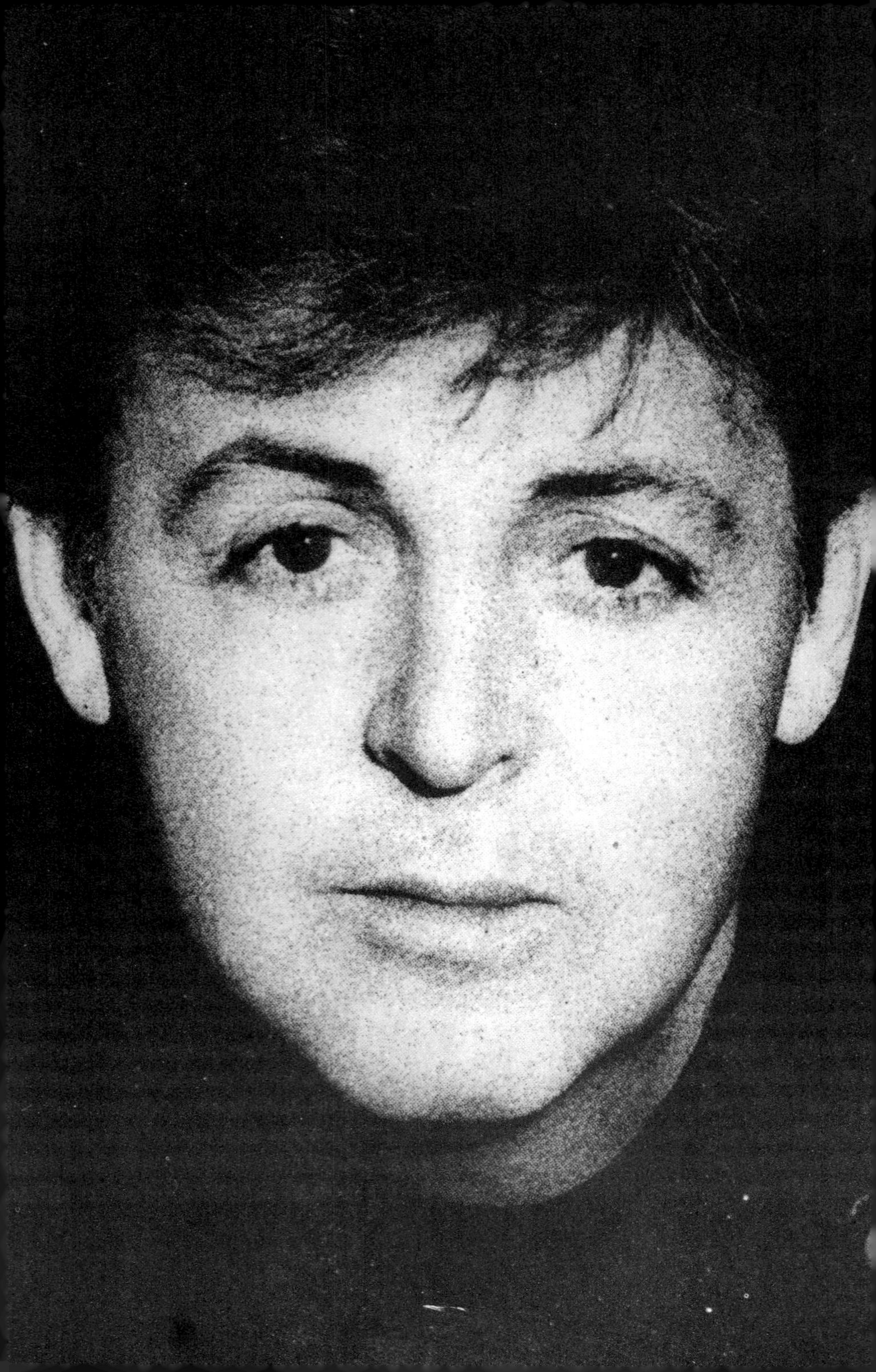

Fãs Chacoalham as Jóias ao Som de McCartney

Nova York — Os fãs dos Beatles também subiram na vida e mudaram muito. Tinha um bocado de casaco de mink e terno Armani no concerto de Paul McCartney na semana passada no Madison Square Garden, em Nova York, parte de uma turnê internacional. A primeira em 13 anos. Na platéia de 14 mil pessoas, estádio lotado (ingressos esgotados, desde agosto, para os quatro concertos), havia garotada que nem era nascida quando os Beatles tomaram o mundo de assalto e mudaram o rumo do rock. Pois essa gente sabia todas as letras e cantou *Hey Jude*, como se tivesse vivido a intensidade de 1968. Os quarentões, em grupos, dançaram com requebros anacrônicos e se abraçaram emocionados, toda vez que Paul apelou para a nostalgia. Ninguém chorou nem desmaiou. Mas foi puro *Back to the Future.*

Vamos ser francos: Paul McCartney nunca foi carismático; não encheria um estádio, não fosse seu passado de Beatle. Mas, a grande parte do público

O olhar melancólico de menino resiste ao tempo.

que foi ao Garden para, finalmente, ver um Beatle, acabou seduzida pelo charme juvenil de Paul. O ex-Beatle, 47 anos, o rosto de querubim mostrando sinais de meia-idade e sem um terço da energia agressiva de Mick Jagger, respondeu ao entusiasmo dos fãs, com duas horas de concerto memorável e uma carinhosa empatia. No final, quando cantou *There's nothing you can do that can't be done* (em *All you need is Love*), a mensagem ficou até redundante.

Um vídeo de 11 minutos, do inglês Richard Lester, introduziu o espetáculo. Lester, que dirigiu o primeiro filme dos Beatles, *A Hard Day's Night* (1964) e *Help* (1965) dividiu a projeção de forma a dar três imagens separadas, combinando 25 anos da música de Paul e 25 anos de eventos musicais. Começa em 64, com a chegada dos Fab-Four aos EUA. Mocinhas chorando histericamente, passa por Londres de Carnaby Street, Lennon fazendo palhaçadas, a década de 70, com Nixon, Mao, os Rolling Stones, visões psicodélicas, Vietnã. A carreira solo de Paul, os anos 80, com o casamento de Diana e príncipe Charles. Michael Jackson, China, Irã, as tragédias ecológicas de 1989.

Paul, todo de preto, e sua banda de cinco integrantes entraram no palco ao som de *Figure of Eight*, single do novo LP *Flowers in the Dirt*. E depois, de *Jet e Rough Ride*, Paul anunciou: Uma nova canção que fiz no carro, vindo para cá. Mas, nos acordes iniciais, o público reconheceu e recebeu com aplausos um dos maiores bits dos Beatles, *Got to Get Into My Life*. Logo depois o teto quase foi pelos ares, quando Paul se sentou ao piano e avisou "agora vamos a um lugar chamado anos 60". E começou a "hora da saudade" que atingiu o clímax quando ele disse: "Dedico a próxima canção a meus colegas John, George e Ringo". E lançou-se numa interpretação emocionante de *Sgt Pepper's Lonely Heart*. Essa canção nunca fora antes apresentada ao vivo, pois os Beatles deixaram de excursionar em 1966, um ano antes de lançá-la. Nem ela poderia soar melhor num concerto como agora, com toda a parafernália de metais, samplers, sintetizadores programados. Nos telões, células coloridas dançando, fantasias de LSD. Delírio total. Daí em diante, a noite "pegou" de vez. Quando Paul chegou a *Can't Buy Me Love*, já havia gente em pleno rock and roll pelas alas estreitas do estádio.

Outros grandes momentos da noite foram com Paul ao piano em baladas como *Let It Be* e The *Long and Winding Road*. Ainda ao piano, sob cascatas de raios laser, Paul impressionou com *Fool on the Hill*, mas foi *Can't Buy Me Love*, a mais simples das antigas canções, que levou o público ao êxtase esperado há 25 anos enchendo o estádio com aquela alegria e pura felicidade que os Beatles tinham no início e perderam. Nessa onda de euforia, a multidão caiu em silêncio com *Let it Be*, que acompanhou com isqueiros acesos, para explodir em energia novamente com *Coming Up*. Quando Paul voltou para o bis seguido da grande emoção causada pelo *Yesterday*, a platéia estava convencida de que tinha visto os Beatles.

Paul pareceu bem-humorado e brincalhão durante e entre as canções; falou sobre a importância da organização Friends of the Earth, de defesa da ecologia que está presente até no excelente programa, gratuito, dos concertos, e dedicou *Fool in the Hill* a John Lennon, o maior presente-ausente da noite. Mas ficou claro que a declaração mais importante estava na seleção das canções: dos 25 anos da carreira de Paul, só sete foram com os Beatles. Entre as 29 canções do concerto, mais da metade era dos Beatles, cinco do novo LP de Paul, e três lançadas entre 1975-1988 (metade da carreira dele). entree as antigas mais notáveis, *Twenty Flight Rock* e *I Saw Her Standing There* de *Flower in the Dirty*. As melhores foram *This One* e *Put it There*, que soaram mais substanciais que no LP. Dos hits da *Wings*, *Band on the Rung* e *Live and Let Die*, impressionaram, e, da banda *Wings*, entre as antigas mais notáveis, *Twenty Flight Rock* dos anos 60. *Back In The U.S.S.R.* foi uma das bem-humoradas.

No final, ficou claro que Paul é o primeiro Beatle a fazer as pazes com seú passado musical. Ele se diverte em usar o fato de ter sido parte dos Fabulous Four, especialmente depois de tantos anos em que os fãs deram mais atenção a Lennon. Se parte da motivação de Paul nessa turnê era declarar que continua na música pop dos anos 90, começou certo. Se o público de agora preferia ouvir *Get Back*, Paul pareceu entender esse desejo de reviver o passado.

Houve surpresas ótimas entre as poucas canções em que Paul mudou arranjos (a maioria foi fiel aos originais), a recriação de *Abbey Road* (com as canções *Golden Slumbers/Carry That Weight/The End*) e o solo do guitarrista Robbie McIntosh na abertura de *Eleanor Rigby*. Algumas vezes a voz de Paul soava rouca. Outras, deliciosa, como em *Good Day Sunshine*. Mas manteve-se sempre s voz inconfundível de Paul McCartney. E Robbie e Hamish Stuar (guitarra, baixo e vocal) deram um show à parte em *Sgt Pepper's*. Superafiados também Paul Wickens no teclado e Chris Witten na bateria. Quanto a Linda, teclado e vocais ocasionais, ela não acrescentou nada. Parece só estar na banda porque é madame McCartney. E ainda causou nas espectadoras da velha guarda comentários como "Até hoje não sei o que Paul viu nela."

McCartney Anuncia Reunião de Três Beatles

O cantor e compositor Paul McCartney afirmou na última quinta-feira, em Nova York, que os três membros sobreviventes dos Beatles podem voltar a trabalhar juntos, participando de um documentário de TV sobre a carreira do lendário grupo inglês. Essa seria a primeira colaboração de McCartney, George Harrison e Ringo Starr depois da separação dos Beatles, em 1970.

McCartney fez a declaração ao anunciar a próxima turnê mundial de seu show solo, que começa em abril, na Austrália. Paul afirmou que ele, Ringo Starr e George Harrison "estão se encontrando para um projeto de documentário televisivo", e que, como parte disso, podem vir a "trabalhar juntos em alguma música nova".

Para evitar frustar as expectativas dos fãs do conjunto no mundo inteiro, McCartney disse também que se trata de um trabalho "em clave baixa": "Estamos nos encontrando para essa coisa... e há uma chance de que possamos fazer um pouquinho de música para isso. Vamos fazer isso e ver como a coisa se desenvolve a partir daí. Eu não poderia pensar que vamos nos recompor como banda, mas trabalharemos juntos", afirmou e ex-Beatle.

O publicitário de McCartney, Joe Dera, explicou depois da entrevista de McCartney que não está exatamente acertado no que consistirá o trabalho dos três, mas que deve girar em torno da música para o documentário em dez partes planejado por McCartney sobre a história dos beatles. O título será *The Long and Winding Road (A longa e sinuosa estrada).*

A nova turnê de McCartney começa no dia 5 de março, em Perth, Austrália, exatamente 30 anos depois de os Beatles terem emplacado seu primeiro sucesso no topo de parada inglesa, com *Please Please Me.* Ele será acompanhado por uma banda formada por Wix Wickers, Blair Cunningham, Hamish Stewart e Robbie McIntosh.

A turnê que lança o novo disco *Off the Ground*, vai incluir Nova Zelândia, Europa e Estados Unidos, mas datas e locais ainda não foram definidos.

Filme é fechado ainda este mês

A Fundação Chico Mendes, de Rio Branco, Acre, deve decidir até o fim-de-semana com quem ficará a exclusividade dos direitos de filmagem da vida do ecologista Chico Mendes, morto em 22 de dezembro do ano passado. A maior proposta das oito recebidas pela Fundação partiu da produtora de Rain Man, o filme mais premiado com o Oscar deste ano: US$ 1,25 milhão (NCz$ 1,30 milhão)

Também estão no páreo os produtores David Puttnam (pela Warner Bros; o diretor seria Chris Menges, com assessoria da Adrian Cawell, da Central TV inglesa, no roteiro) e Robert Redford. Outro concorrente para filmagem para cinema é nacional: a da produtora Iguana Filmes.

Genial e Contraditório, um Mito do Pop

Paul McCartney é um bicho de muitas cabeças contraditórias. Um compositor de gênio, autor de *Yesterday, The Fool on the Hill, Martha My Dear, Blackbird*, e de algumas das piores babas já cometidas em nome do pop. Um homem de negócios frio e calculista, que processou anos a fio os outros Beatles, capaz de tudo para realizar, em compensação, o desejo de comprar os direitos autorais de seu ídolo Buddy Holly.

Como todo mito, Paul McCartney soma paradoxos. É o símbolo libertário de toda uma geração, convertido em pacato e conservador pai de família. É missão impossível separar a lenda da realidade e enquadrar o homem e compositor que chega finalmente — tarde demais?

— para dois shows no Brasil, dois meses antes de completar 48 anos.

Sem ele, é muito provável que o mundo seria hoje ainda mais sem graça. Na composição química da solução Beatles, Paul foi sucessivamente fator de sedução e glamour, agente regulador da fórmula, elemento condutor de energia, estratégico e destruidor. Sua parceria com John Lennon, iniciada em 1956, quando o grupo se chamava os Quarrymen, foi a mais bem-sucedida da história da música popular.

Para quem acha essa afirmação excessiva, eis alguns resultados. Como compositor (com e sem os Beatles), Paul conseguiu emplacar 31 músicas — recorde absoluto — no primeiro lugar na parada norte-americana da Billboard, deixando para trás John Lennon (25), Barry Gibb (16), Brian Holland (15) e Lamont Dozier (14). Com os Beatles, 20 de suas músicas subiram para o topo. Na carreira solo, de 1970 até hoje, nove músicas de Paul pararam no primeiro lugar.

Em setembro de 1979, ele foi declarado "o compositor mais bem-sucedido de todos os tempos" pelo Guiness Book of Records e citado por ter composto, entre 1962 e 1973, 43 canções cujas gravações superarm o milhão de discos vendidos. Acrescente a isso 43 discos de ouro com os Beatles, 17 com o Wings e um com Billy Preston. No total, foram mais de cem milhões de compactos e cem milhões de LPs vendidos.

Sua majestade, a rainha da Inglaterra, soube reconhecer a considerável injeção de capital que essas vendas representaram para a economia da Grã-Bretanha. Com os Beatles, como principal inventor do circo da fórmula pop, Paul recebeu o título de Membro do Império Britânico (MBE), em 1965. Em 1979, o ministro das Artes de seu país o presenteou com um disco de ródio. A mais importante para ele foi a "Medalha da Liberdade" (84), do conselho de Liverpool.

O homem é enorme. Inevitável. No mundo inteiro, para várias gerações, ele é ao mesmo tempo "entertainer", encarnou a afirmação de valores libertários, proporcionou trilhas sonoras ao amor e à angústia de milhões de jovens. Paul McCartney também serve de professor de inglês em todos os países, mesmo que muitas das letras que compôs com John Lennon sejam tolas, incompreensíveis e até piegas, para a revolta dos críticos radicais.

Em resposta a esses detratores, "Macca" — seu apelido — escreveu *Silly Love Songs* em 1976, talvez o protótipo da babinha pop que gruda ao córtex cerebral para nunca mais largar. "Sou fã das composições à moda antiga", disse na época esse admirador de Cole Porter. "Gosto mesmo das rimas, quando a inspiração acontece. Odeio as rimas estúpidas, mas quando elas acontecem e funcionam, são as melhores coisas que possam acontecer no ato de compor". Paul captou a essência do pop — a combinação certa do canto com os sons dos instrumentos em torno de uma melodia. Assim, parece simples. Mas é um trabalho complexo.

A dificuldade está na produção. Nesse campo, as aulas do professor George Martin nos estúdios Abbey Road foram definitivas. Basta escolher qualquer uma das músicas que Paul gravou para entender a importância de um tratamento adequado na mesa de som do estúdio. É simplesmente mágico.

Friends of the Earth (Amigos da Terra)

A partir do momento em que aderiu à organização ecológica internacional Friends of the Earth — o anúncio foi feito durante entrevista coletiva nos Estados Unidos, em novembro de 1989, quando doou US$ 100 mil à entidade —, Paul McCartney tornou-se um dos maiores e mais entusiasmados adeptos da luta em favor do meio ambiente.

"Paul está anunciando, em sua viagem ao redor do mundo, que as pessoas podem ajudar a salvar o planeta associando-se a nós. Seu gesto terá efeito sobre avida de milhares de crianças em todo o mundo" — afirmou Michael S. Clark, presidente da ramificação americana da entidade. No Brasil, a sede do grupo funciona em Porto Alegre.

Friends of the Earth é a maior rede de organizações internacionais na luta pela preservação ambiental. Fundada em 1971, quando a consciência ecológica ainda se limitava a grupos restritos da população, a FOE conta hoje com 37 grupos nacionais articulados através do mundo. Seus membros são cidadãos conscientes engajados no esforço pelo controle da poluição e preservação dos recursos naturais da Terra, que somam iniciativas no sentido de pressionar as autoridades e influenciar a opinião pública a favor de seus objetivos ambien-

talistas.

Cada um dos 37 grupos é uma entidade autônoma, com seus próprios métodos operacionais, estrutura jurídica e recursos de financiamento. Todos os grupos são politicamente independentes, assim como não assumem compromissos com grupos étnicos, religiosos ou governamentais.

O que une as entidades nacionais da FOE é o nome e a causa em comum — especificamente a conservação, restauração e racionalização do uso de recursos naturais. Essa estrutura, definida em três níveis — local, nacional e internacional -, foi fortalecida a partir de 1986, com a criação do CEAT (Coordination Européenne des Amis de la Terre), sua primeira rede regional, interligando os grupos na comunidade européia.

As entidades operam em conjunto durante as campanhas internaacionais, na confecção do boletim produzido dez vezes por ano pela FOE Secretariat e nos contatos bilaterais em troca de informações.

Os quatro princípio básicos que norteiam as ações do FOE são:

— Os problemas ambientais superam as fronteiras políticas e geográficas.

— A cooperação com outras organizações é crucial.

— As questões ambientais, econômicas, sociais e políticas são interdependentes.

— Existem alternativas positivas para as políticas e práticas que geram a degradação ecológica.

É com base nestes quatro princípios que as campanhas de pressão sobre autoridades e sensibilização da opinião pública são desenvolvidas.

Para tanto, as contribuições mensais de seus membros são utilizadas não só para financiar as campanhas *per se*, mas também a publicação de livros e revistas, e o trabalho de pesquisa que subsidia a argumentação teórica de seus representantes junto às entidades científicas.

Por este cunho de seriedade, a FOE tem o status de Organização Não Governamental reconhecida pela ONU, e de observadora em muitas organizações inter-governamentais como a Food and Agriculture Organization, London Dumping Convention, International Maritime Organization, International Whaling Commission, Ramsar Convention on Wetlands, International Timber Association, além de consultora do Conselho

Foto promocional da *World Tour*, 1990.

Econômico e Social da ONU.

As campanhas nas quais a entidade está engajada no momento são:contra a poluição do ar — particularmente contra a chuva ácida e a preservação da camada de ozônio; pela preservação das florestas tropicais; pela proteção, restauração e preservação dos rios e reservas de águas; pela proteção da fauna marinha e despoluição dos mares; e contra as causas do efeito-estufa.

Ainda em projeto estão as campanhas de promoção da cooperação entre grupos ecológicos do Leste e Oeste europeus; a promoção de seminários e congressos para o desenvolvimento da biotecnologia marinha e do emprego desta biotecnologia de forma responsável; o desenvovimento de um programa internacional de mudanças comerciais e sociais que resultem em alternativas aos fatores geradores do efeito-estufa; o banimento da importação e exportação de coxas de rãs, entre outros.

No Brasil, a sede dos Amigos da Terra em Porto Alegre conta com 500 associados e está engajada na campanaha pela defesa das florestas tropicais. A nível regional, os Amigos da Terra no Brasil têm lutado contra os abusos na utilização de agrotóxicos e apoiado grupos menores em suas reivindicações junto ao governo, estabelecendo também uma ponte entres estes grupo e a imprensa local e nacional.

Mac in the U.S.S.R.

Alegrai-vos, órfãos dos Beatles! O mais raro — e um dos melhores — disco de Paul McCartney acaba de chegar ao Ocidente, depois de três longos anos de espera: o Álbum Russo (ou *Chobba B CCCP, De Volta à 'URRS*, em russo), aclamado como o disco mais roqueiro do velho Macca. E talvez seu grande testamento político.

"Say you wanna a revolution...", já cantava ele nos Beatles criticando o maoísmo, mas agora Macca mandou ver com seu rock, ajudou a levar a liberdade de volta à União das Repúblicas Socialistas Soviéticas, hoje nem tão unidas e fugindo do socialismo como o diabo da cruz. "O lançamento deste álbum", Paul escreveu na capa, "significa que estou estendendo minha mão, em um gesto de paz e solidariedade ao povo soviético".

Na democratização da URRS, o rock teve uma importância e significado que nos faz sentir saudade do que ele representa-

> **“Sempre acho que preciso ir para frente, que preciso continuar...”**

va nos anos 50 e 60. Por trás da Cortina de Ferro, a barra era pesadíssima. O rock and roll, nas palavras do *Pravda*, o jornal dono da verdade, era “um engodo capitalista disposto a subverter a moral da juventude”. Dizia ainda, o jornal: “Aqueles que caem nesse engodo estão sendo manipulados por nossos inimigos ideológicos. Eles lançam nas menetes imaturas da nossa juventude umestilo de vida inteiramente estranho à nossa sociedade.”

Durante a Guerra Fria, os chefões comunistas tentaram de todas as formas evitar que os cidadãos soviéticos ficassem expostos à “cultura capitalista hedonista do Ocidente.” E, como acontece em toda ditadura, tudo foi censurado: rock, Marilyn Monroe, Mickey Mouse, Charles Bronson com desejo de matar e até os filmes de Elvis (bem, isso ninguém perdeu grande coisa). Tanta repressão, entretanto, não impediu que lá também se amasse os Beatles, que chegavam principalmente pelo rádio de ondas curtas.

O Álbum Russo foi o primeiro disco de rock ocidental lançado pela gravadora estatal Melodya, uma história cheia de reviravoltas que até parece filme de espionagem. Começou em julho de 1987, numa *jam session* de dois dias entre Paul e meia dúzia de músicos, para gravar alguns standards do rock e escolher um para o lado B do compacto *Once Upon a Long Ago*.

No primeiro dia, quatro horas depois de iniciada a sessão,

seu empresário, Richard Ogden, ligou para o estúdio doméstico de Paul: "Já gravou alguma?" quis saber ele. "Sim", respondeu Paul, "já gravamos 17 faixas." No final do segundo dia eram 34, ou 22 canções diferentes no total.

E agora, o que fazer com tudo isso? Com uma coletânea *All the Best* — próxima de ser lançada e um álbum — *Flowers in the Dirt* a ser garvado, McCartney ficou pensando num meio de lançar em disco essa sua volta às raízes. A primeira idéia que lhe veio foi editar o material como disco pirata, mantendo silêncio sobre seu envolvimento e lançado o disco em algum lugar meio estranho... como a Rússia. Mas a gravadora de Paul vetou o projeto. Macca pensou então em ele mesmo prensar 50 cópias do disco para a família e os amigos, como presente de Natal.

No começo de 1988, depois de muita insistência, a gravadora rendeu-se ao plano e *Chobba B CCCP* foi lançado pela Melodya. O contrato previa a prensagem de 500 mil cópias, para serem vendidas só na URSS. Pouco tempo depois, *Back in the URSS* já era uma raridade na União Soviética, sendo encontrado apenas no mercado negro. E, numa ironia da história, jovens soviéticos começaram a contrabandear cópias do disco para o Ocidente, onde cada uma era vendida por exorbitantes 100 dólares. O LP chegou até nas Grandes Galerias do centro de São Paulo!

O disco lançado agora é quase igual ao soviético. As únicas diferenças são a faixa bônus *I'm in Love Again* e a disponibilidade em compact disc, formato não existente no lançamento original (é que lá na URSS os toca-discos ainda não são low-fi e funcionam a querosene, por assim dizer).

Mais Maccomania

Não é só o lançamento de *Chobba B CCCP* que está agitando o mundo da Maccamania.

Logo no mês que vem será lançado o *Oratório de Liverpool*, a estréia de Paul como compositor clássico, garvada em 29 de junho na enorme Catedral de Liverpool, sob regência do maestro Carl Davis e tendo como solistas Kiri Te Kanawa, Jerry Hadley e Sally Burgess. A peça, escrita durante sua última turnê, a *Get Back World Tour*, começa autobiograficamente, como informa a Rolling Stone. O protagonista, Shanty, nasce em Liverpool em 1942 e os primeiros dois movimentos são as lembranças de Paul do tempo de escola. Daí prá frente, acabam as referências biográficas. Shanty se casa com Mart Dee, que se torna uma bem-sucedida mulher de negócios enquanto a carreira de Shanty vai encalhando. Frustrado, ele briga com a mulher; ela diz que está grávida e foge de casa para quase morrer num acidente de trânsito. O nascimento do bebê restaura o casamento e a confiança de Shanty.

Outro aguardado lançamento é o filme documentário da excursão mundial, *Get Back*, dirigido por Richard Lester, o mesmo que registrou a beatlemania em celulóide nos clássicos A *Hard Day's Night* e *Help*! O longa-metragem ainda não tem data prevista para ser exibido nos cinemas brasileiros, mas a América Vídeo anuncia para breve a edição nacional em videocassete. Lester acompanhou todos os 102 concertos da turnê, realizando um excelente registro da Maccamania que se alastrou pela Europa, Brasil, Japão, Canadá e Estados Unidos. Um banquete para os olhos e ouvidos. Lá está Paul explicando sua volta à estrada: "Agora não é mais pelo dinheiro, é pelos fãs". Está lá a emoção que tomou conta do Maracanã na histórica noite de 21 de abril de 1990, o carinho da maior platéia já reunida por um único artista, os músicos tão gratificados quanto o público. E também o concerto em Liverpool, ao ar livre, a homenagem a John, 50 mil pessoas que não paravam de cantar *Give Peace a Chance*.

"É isso que gosto de lembrar, as multidões, os fãs", Paul confessa em *Get Back*. "Eles tiveram uma boa diversão na maioria das noites, eu acho. E isso era tudo que a gente queria — dar a eles uma noite legal, um pouquinho de festa." Valeu, Macca.

Gibson

Discografia dos Singles e raridades em Maxi-Singles.

. Another Day/Oh Woman oh Why (71)
. Give Ireland Back to the Irish/Give Ireland Back to the Irish (Instrumental) (72)
. Mary Had a Little Lamb/ Little Woman Love (72)
. My Love/The Mess (73)
. Live and Let Die/I Lie Around (73)
. Helen Wheels/Country Dreamer (73)
. Band on the Run/Zoo Gang (74)
. Junior's Farm/Sally G. (74)
. Walking in the Park with Eloise/Bridge Over the River Suit (74)
. Mull of Kintyre/Girls School (77)
. Goodnight Tonight/Daytime Nightime Suffering (78)
. Goodnight Tonight (versão longa)/Daytime Nightime Suffering (78)
. Wonderful Christmas Time/ Rudolph the Red Nosed Reggae (79)
. Coming Up/Coming Up (ao vivo)/Lunch Box-Odd Sox (80)
. Waterfalls/Check my Machine (80)
. Ebony and Ivory/Rainclouds (82)
. Take it Away/I'll Give Your Ring (82)

Foto promocional do disco *Chobba B CCP*, 1989.

. Say Say Say/Ode to a Koala Bear (83)

. No More Lonely Nights (balada)/No More Lonely Nights (dance) (84)

. Spies Like Us (3 versões)/ My Carnival (85)

. Press (video version)/ It's Not True/Hanglide e Press (dub version) (86)

. Pretty Little Head/We All Stand Together/We All Stand Together (instrum.) (86)

. Angry/Write Away (86)

. One Upon a Long Ago (versão longa)/Back on my Feet/ Midnight Special/Don't Get Around much Anymore (87)

. My Brave Face/Flying to My Home/I'm Gonna Be a Wheel Someday/Ain't That a Shame (89)

. This One/The First Stone/I Wanna Cty/I'm Love Again (89)

. This One/Godd Sign (89)

. Put it There/Mama's Little Girl/Same Time Next Year (89)

. Figure Weight/Rough Ride/ Ou Est le Soleil (89)

. Figure Weight/The Long and Winding Road/Loveliest Thing (89)

. Good Day Sunshine/Birthday/Love Me Do - PSI Love You/Let'em in (90)

. The Long and Winding Road/C.Moon?put it There (90)

. All my Trials/C. Moon/Strawberry Fields Forever - Help - Give Peace a Chance (90)

. Save the Child/The Drinking Song (91)

. Hope of Deliverance/Big Boys Bickering/Long Leather Coat/Kicked Around no More (92)

. C'Mon People/Deliverance/Deliverance (mix) (93)

. C'Mon People/I Can't Imagine/Keep Comeback to Love/ Down to the River (93)

. Off the Ground/Sweet Mmemories/Cosmically Conscious/Style Style/Soggy Noodle (93)

. Biker Like an Icon/Mean Wiman Blues/Things We Said Today/Midnight Special (93)

Pirataria em CD

. Plugged an Unplugged
. Looking for Changes
. Live at Ed Sullivan Theatre
. Cottonfields
. Good Sign
. Live at Charlotte'93
. London Town Out Takes
. McCartney Los Album
. Paul McCartney on Piano
. One Hand Clapping
. James Paul McCartney
. Live at Madison Square Garden
. Wings "The First Show"

Etc., etc., etc.

Discografia Oficial em Compact Disc

McCartney (70)/ CDP - 7.46611-2

Ram (71)/ CDP -7 46612-2

Wild Life (71)/ CDM -7 52017-2

Red Rose Speedway (73)
CD-FA - 3193

Band on the Run (73)
CDP - 7 46675-2

Venus and Mars (75)
CDP- 7 46984-2

Wings at the Speed of Sound (76)
CDP - 7 48199-2

Wings over America (76)
C2K - 37990
London Town (78)/ CDP - 7 48198-2

Wings Greatest Hits (78)
CDP - 7 46056-2

Back to the Egg (79)
CDP - 7 48200-2

McCartney II (80)/ CD-FA 3191

Tug of War (82)/ CDP - 7 46057-2

Pipes of Peace (83)/ CDP - 7 46018-2

Give My Regards to Broad Street (84)CDP - 7 46043-2

Press to Play (86)/ CDP - 7 46269-2

All the Best (87)
CDP - 7 48287-2 e CDP-48507-2

Back in the URSS (88)/ CDP - 7976152

Flowers in the Dirt (89)
CDP - 796532

Tripping the Live Fantastic (90)
CDP - 794778-2

Tripping the Live Fantastic Highlights (90) - 370795379-2

Unplugged (The Official Bootleg) (91)/ CDP - 7964132

Liverpool Oratório (91)
CDQB - 754371-2

Off the Ground (93)
CDP - 0777-7-80362-2-7

Obs.: Todos esses álbuns foram lançaods no formato de vinil, mas em alguns países da Europa, EUA e Japão, estão disponíveis somente no formato de compact disc.

Miscelânea

Concert for the People of Kampuchea (81)

The Princes's Trust 10th Aniversary Birthday Party (87)

The Anti-Herin Project (87)

Knebworth (90)

The Last Temptation of Elvis Presley (90)

McCARTNEY
BIBLIOGRAFIA

A Vida dos Beatles — Hunter Davies. Editora Expressão e Cultura — 1968 — Rio de Janeiro. Tradução de Henrique Benevides.

Paul McCartney in His Own Words — Paul Gambaccini. Delilah/ Putnam Book — 1983 — New York.

Vida e Morte do Beatle Paul McCartney? — Artur Mendonça e Chil Beberto. Editora Samambaia S.A. — São Paulo.

All Toghether Now — A mais completa discografia de 1961/ 1975, Harry Castleman & Walter J. Podrazik. Editora Balantines — New York — 1976.

In Their Own Words — The Beatles Em Suas Próprias Palavras — Barry Milles. Editora Omnibus Press — Austrália — 1978.

Revista Veja

Jornais: O Globo, O Estado de S. Paulo, Folha de S. Paulo.